50 のポイントでわかる

自治体職員

はじめての
公金の管理と運用

大崎映二 [著]

JN021722

学陽書房

はじめに

　あらためて言うまでもなく、自治体が管理する公金は住民の共有財産です。そこには、民間企業や個人の資金とは異なる管理や運用のルールがあります。また、ルールには、法令等で明文化されたものから、明文化はされていないが考え方の基本に置かれなければならないものもあります。

　一方、公金管理や運用の事務について言えば、担当者がこうしたルールに注意を払うことなく、ただひたすら前任者から引き継いだ処理方法を繰り返しているという実態があるかもしれません。

　事務を「考え方の選択による手法」と捉えると、管理や運用における金利を考えてみても、金利が景気を反映するものであることから同じ手法が長い期間にわたって最適であり続けるという保証はあるはずもありません。仮に同じ手法を継続するにしても、その時々で担当者が最適であることを確認しなければ、原資の拠出者である住民やその代表である議会に説明はできません。

　金融の世界は、後に触れますが、多くの細分化された専門家によって成り立っています。また、金融環境と一体である経済情勢は、日々、変化し続けています。こうした状況を踏まえて多額の公金を管理しつつ合理的な運用をしていくには、関係する情報に自らのアンテナが反応できる程度の知識は最低限必要です。

　本書では、法令の規定と金融の仕組みを、一般事務職の人事で考えられる３年〜５年の在任期間を念頭に、「担当者になったら、はじめにこれだけ知っておけばよい」というポイントを述べています。

　もちろん本書の知識だけで十分足りるということではありません。可能な限り研鑽を積む努力は求められるでしょう。書店には資金運用に関する書籍が数多く並んでいますし、都市部では証券会社等が

主催する無料セミナーなども開催されています。しかし、全く知識のない状態で専門書やセミナーに触れても、おそらく理解することは難しいと思います。

　そこで、本書は公金の管理と運用という仕事に向き合う前提となる知識を整えることを目的にしました。また、職場での議論の叩き台になるよう、できる限り私の考えも表しました。この私見は、地域性や自治体の持つ条件等を加味した場合、適切な対応とは言えないこともあります。その点も考慮して議論していただければ幸いです。

　なお、本書では読みやすさの観点から、「地方公共団体」について、法令用語ではない「自治体」という表現を用いていますのでご理解ください。

2022年10月

大崎　映二

目　次

第1章　公金という運用資金の性質

第2章　管理運用事務の対象になる公金の違い

第3章　指定金融機関制度に基づく公金の取扱い

第4章　歳入歳出現金の管理

第9章 債券運用のポイント

第1章

公金という
運用資金の性質

自治体の財源

　自治体の活動資金は多種多様な財源で構成されています。

　最も団体数の多い市町村を例にとると、住民税や使用料、手数料といった直接収入される財源のほか、国からは地方譲与税、地方交付税、国庫支出金など、都道府県からも補助金などの支出金があります。

　この状態を見て「そこに住んでいる住民の税金だけで、市町村が運営されているわけではない」と解釈する職員もいますが、それは考えが不足していると言わざるを得ません。

　確かに目先の出所は国であり都道府県ですが、市町村の住民は都道府県民であり、国民でもあります。つまり、一人の住民が立場を変えて市町村、都道府県、国に納税をしており、納税は強制的に徴収されるものであるという至極当たり前のことから公金を考えなければなりません。

　買い物をするときに消費税を支払うかどうか、自動車のガソリンを補給するときに税を負担するかどうかを考える余地を住民は与えられず、一方的に賦課、徴収されるのが税金です。

　そうして徴収された税金が、予め定められたルールに基づいて市町村に移されたものが国や都道府県からの財源ということになります。

　国や都道府県の支出金は、補助金、負担金、委託金になりますが、そのいずれもが自治体の事務（仕事）に対して支出されるものであり、何の根拠もなく与えられる財源ではありません。

地方交付税やその他の財源にも、交付されるべき根拠があります。

地方交付税を国から財政力の弱い自治体への支援と説明する専門家は、現在でも見かけることがあります。しかし、自治体の財政力とは、努力をすれば全ての自治体が都市部の自治体のようになるというものではありません。

都市部の自治体が現在の税収を得られているのは、もちろんそれぞれの努力や工夫を重ねて今があることは当然ですが、その都市がどのように成立してきたのかという歴史的経過とその過程に降って湧いた幸運を抜きには語れないでしょう。

自治体の財源の偏在は、如何ともしがたいものです。自治体の努力ではどうにもならないので、国が国税として一旦徴収をし、財源の偏在を調整するための仕組みが地方交付税です。その意味では、特定の課税対象物に対して賦課されて分配される地方譲与税と何ら変わりがありません。

自治体の財源で強制力に行きつかない財源は、ふるさと納税に代表される寄附金くらいのものです。

そう考えると公金に対する認識で最も重要なことは、それが住民から強制的に徴収したお金であるということです。

強制的に徴収したお金ですので公金は住民の共有財産であり、法令その他のルールに基づいて適切に管理し、必要な運用をすることが求められるのです。

第2章

管理運用事務の対象になる公金の違い

　自治体に収入された公金は、会計管理者が管理することになります。公金を大きく分類すると、歳入歳出現金、歳入歳出外現金、基金の3種類に分類されます。この違いを正しく認識することが管理運用事務の入口になりますので、それぞれの基本的な違いを確認しましょう。

歳入歳出現金

先にも述べたとおり、自治体の財源のほとんどは強制的に徴収されたものです。強制徴収の根拠は、以下の条文からも説明できます。

地方自治法

第10条 〔略〕

2　住民は、法律の定めるところにより、その属する普通地方公共団体の役務の提供をひとしく受ける権利を有し、その負担を分任する義務を負う。

役務の提供とは、住民サービスです。住民サービスを行うには財源が必要ですから、その負担は住民が等しく分担することを義務付けています。そして、その財源は知事や市町村長等、自治体の執行機関が恣意的に使用しないよう予算という制限がかけられています。

また、財源については、以下のような規定があります。

地方自治法

（会計年度及びその独立の原則）

第208条 〔略〕

2　各会計年度における歳出は、その年度の歳入をもつて、これに充てなければならない。

この2つの条文から言えることは、毎年度の収入は、その年度の

行政サービスのために使われる財源であるということです。これを歳入歳出現金と言いますが、支払いのための資金と言うこともできます。

　1年間の行政活動に伴って現金の出納が行われた結果が、住民に対する結果報告としての決算です。

　予算は、予算科目によって款・項・目・節に体系化されています。そして予算の原則的な機能が執行上限金額の設定、即ちキャップの役割を果たしていますので、決算時には全ての予算科目に不用額と言われる余りが出ます。一方、歳入予算が確実な見積によって計上され、それが確実に収入されれば、決算は必ず剰余金が出ることになります。この剰余金は、地方自治法の以下の規定により翌年度の予算に繰り越して明らかにすることになります。

地方自治法

（歳計剰余金の処分）

第233条の2　各会計年度において決算上剰余金を生じたときは、翌年度の歳入に編入しなければならない。ただし、条例の定めるところにより、又は普通地方公共団体の議会の議決により、剰余金の全部又は一部を翌年度に繰り越さないで基金に編入することができる。

　また、繰り越された剰余金は、地方財政法の以下の規定により、積立金の増加若しくは借入金残高の減少という資産内容が良くなる方向に使途が制限されます。

地方財政法

（剰余金）

第7条　地方公共団体は、各会計年度において歳入歳出の決算

上剰余金を生じた場合においては、当該剰余金のうち２分の１を下らない金額は、これを剰余金を生じた翌翌年度までに、積み立て、又は償還期限を繰り上げて行なう地方債の償還の財源に充てなければならない。

　自治体における歳入歳出現金は、図－１のとおり100％住民に還元されることを前提にしたものであり、再投資の原資や出資者に配当されることになる民間企業の決算における利益とは根本的に異なります。

図－１　地方自治体と民間企業の資金の違い

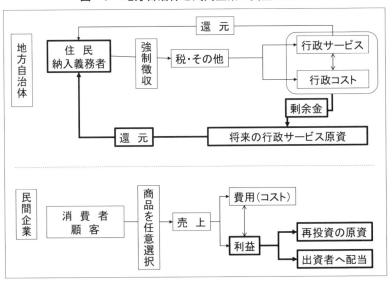

　これは、自治体の収入が強制徴収によって得られることと、民間企業の収入が消費者の任意による選択によって得られることの違いから生じるものです。このことを理解しておくことが、後述する金融機関等との関係から生じる問題解決に関わります。

3

歳入歳出外現金

　自治体で日常業務を行う上では、所有する権利のない現金を一時的に預かることがあります。

　例えば、区市町村民税と一体で納付される都道府県民税や職員給与に伴う源泉徴収税、公営住宅の敷金や担保として預かる現金などです。

　自治体は、住民の共有財産である公金の管理を適切に行うことが求められており、無制限に他者の財産を保管することは、以下の条文のとおり厳しく制限されています。

地方自治法

（現金及び有価証券の保管）

第235条の4　〔略〕

2　債権の担保として徴するもののほか、普通地方公共団体の所有に属しない現金又は有価証券は、法律又は政令の規定によるのでなければ、これを保管することができない。

3　〔略〕

地方自治法施行令

（歳入歳出外現金及び保管有価証券）

第168条の7　会計管理者は、普通地方公共団体が債権者として債務者に属する権利を代位して行うことにより受領すべき現金又は有価証券その他の現金又は有価証券で総務省令で定

めるものを保管することができる。

地方自治法施行規則

第12条の5　地方自治法施行令第168条の7第1項に規定する現金又は有価証券で総務省令で定めるものは、次のとおりとする。

一　普通地方公共団体が債権者として債務者に属する権利を代位して行うことにより受領すべき現金又は有価証券

二　災害により被害を受けた者に対する見舞金に係る現金又は有価証券

三　公立学校（学校教育法（昭和22年法律第26号）第一条に規定する大学及び高等専門学校に限る。）における奨学を目的とする寄附金を原資として交付された現金又は有価証券

基金

　基金は、積立金です。これは個人の家計における預金と同じく、目的をもって積み立てられることになります。

　基金に関する法律の規定としては、地方財政法第4条の3において年度間の財源調整に充てる等の理由により積み立てることが義務付けられ、その取崩しについては、以下のとおり規定されています。

地方財政法

（積立金の処分）

第4条の4　積立金は、次の各号の一に掲げる場合に限り、これを処分することができる。

　一　経済事情の著しい変動等により財源が著しく不足する場合において当該不足額をうめるための財源に充てるとき。

　二　災害により生じた経費の財源又は災害により生じた減収をうめるための財源に充てるとき。

　三　緊急に実施することが必要となつた大規模な土木その他の建設事業の経費その他必要やむを得ない理由により生じた経費の財源に充てるとき。

　四　長期にわたる財源の育成のためにする財産の取得等のための経費の財源に充てるとき。

　五　償還期限を繰り上げて行なう地方債の償還の財源に充てるとき。

また、地方自治法では、行政運営の財務上必要な手段を確保するため、特定の目的を設定した基金の積み立てが認められています。

地方自治法

（基金）

第241条　普通地方公共団体は、条例の定めるところにより、特定の目的のために財産を維持し、資金を積み立て、又は定額の資金を運用するための基金を設けることができる。

2〜8　〔略〕

この地方自治法に基づく基金は、条例によって設置することが認められます。この基金を特定目的基金と言い、自治体には様々な目的名を冠した基金条例があります。

特定目的基金の取り崩しは、それぞれの基金の目的に対応して条例中に定められています。

第3章

指定金融機関制度に基づく公金の取扱い

取扱いの原則と金融機関

　どのような規模の自治体でも、管理すべき公金は多額になります。したがって、金融機関の口座に保管することになります。また、歳入金の収入や支払いに伴う送金については、現代社会では金融機関の力を借りなければできません。こうした要請から生まれたのが指定金融機関制度です。

　指定金融機関等の存在を当然と考えている長や議員、職員も多いかもしれません。しかし、原則は、直接自治体が取扱うこととなっており、それを踏まえての指定金融機関制度であることを確認しておく必要があります。

　公金の取扱いについての原則と指定金融機関に関する規定は、以下のとおりとなっています。

地方自治法

（私人の公金取扱いの制限）

第243条　普通地方公共団体は、法律又はこれに基づく政令に
　　　特別の定めがある場合を除くほか、公金の徴収若しくは収納
　　　又は支出の権限を私人に委託し、又は私人をして行なわせて
　　　はならない。

地方自治法施行令

（歳入の徴収又は収納の委託）

第158条　次に掲げる普通地方公共団体の歳入については、そ

の収入の確保及び住民の便益の増進に寄与すると認められる場合に限り、私人にその徴収又は収納の事務を委託することができる。

一　使用料

二　手数料

三　賃貸料

四　物品売払代金

五　寄附金

六　貸付金の元利償還金

七　第1号及び第2号に掲げる歳入に係る延滞金並びに第3号から前号までに掲げる歳入に係る遅延損害金

2　前項の規定により歳入の徴収又は収納の事務を私人に委託したときは、普通地方公共団体の長は、その旨を告示し、かつ、当該歳入の納入義務者の見やすい方法により公表しなければならない。

3　第一項の規定により歳入の徴収又は収納の事務の委託を受けた者は、普通地方公共団体の規則の定めるところにより、その徴収し、又は収納した歳入を、その内容を示す計算書（当該計算書に記載すべき事項を記録した電磁的記録（電子的方式、磁気的方式その他人の知覚によつては認識することができない方式で作られる記録であつて、電子計算機による情報処理の用に供されるものをいう。以下同じ。）を含む。）を添えて、会計管理者又は指定金融機関、指定代理金融機関、収納代理金融機関若しくは収納事務取扱金融機関に払い込まなければならない。

4　第1項の規定により歳入の徴収又は収納の事務を私人に委託した場合において、必要があると認めるときは、会計管理者は、当該委託に係る歳入の徴収又は収納の事務について検

査することができる。

第158条の2 次に掲げる普通地方公共団体の歳入（第3号、第6号及び第7号に掲げる歳入にあつては、当該普通地方公共団体の規則で定めるものに限る。以下この条において「地方税等」という。）については、前条第1項に規定する場合に限り、その収納の事務を適切かつ確実に遂行するに足りる経理的及び技術的な基礎を有する者として当該普通地方公共団体の規則で定める基準を満たしている者にその収納の事務を委託することができる。

一～八　〔略〕

2　前項の規定により地方税等の収納の事務の委託を受けた者（次項及び第4項において「受託者」という。）は、納税通知書、納入通知書その他の地方税等の納入に関する書類（当該書類に記載すべき事項を記録した電磁的記録を含む。）に基づかなければ、地方税等の収納をすることができない。

3　会計管理者は、受託者について、定期及び臨時に地方税等の収納の事務の状況を検査しなければならない。

4　会計管理者は、前項の検査をしたときは、その結果に基づき、受託者に対して必要な措置を講ずべきことを求めることができる。

5　監査委員は、第3項の検査について、会計管理者に対し報告を求めることができる。

6　前条第2項及び第3項の規定は、第1項の規定により地方税等の収納の事務を同項に規定する者に委託した場合について準用する。

　地方自治法234条では、原則として公金を私人に取り扱わせることを禁止しており、この禁止が解除される例外を、条文中に「法律

またはこれに基づく政令に特別の定めがある場合」と限定しています。

　そこで、地方自治法施行令第158条では税外収入等の取扱いについて「歳入の確保及び住民の便益の増進に寄与する場合」と理由を明確にした上で私人への委託ができるとし、第158条の2では前条の条件に加えて「その収納の事務を適切かつ確実に遂行するに足りる経理的及び技術的な基礎を有する者として当該普通地方公共団体の規則で定める基準を満たしている者」という一段高いハードルを設定し、地方税の収納事務の私人への委託を認めています。

　また、これらの委託をした場合は、それぞれの条文中に会計管理者の検査規定があることを忘れてはいけません。

地方自治法

（金融機関の指定）

第235条　都道府県は、政令の定めるところにより、金融機関を指定して、都道府県の公金の収納又は支払の事務を取り扱わせなければならない。

　2　市町村は、政令の定めるところにより、金融機関を指定して、市町村の公金の収納又は支払の事務を取り扱わせることができる。

地方自治法施行令

（指定金融機関等）

第168条　都道府県は、地方自治法第235条第1項の規定により、議会の議決を経て、一の金融機関を指定して、当該都道府県の公金の収納及び支払の事務を取り扱わせなければならない。

　2　市町村は、地方自治法第235条第2項の規定により、議会の議決を経て、一の金融機関を指定して、当該市町村の公金

の収納及び支払の事務を取り扱わせることができる。

3　普通地方公共団体の長は、必要があると認めるときは、指定金融機関をして、その取り扱う収納及び支払の事務の一部を、当該普通地方公共団体の長が指定する金融機関に取り扱わせることができる。

4　普通地方公共団体の長は、必要があると認めるときは、指定金融機関をして、その取り扱う収納の事務の一部を、当該普通地方公共団体の長が指定する金融機関に取り扱わせることができる。

5　指定金融機関を指定していない市町村の長は、必要があると認めるときは、会計管理者をして、その取り扱う収納の事務の一部を、当該市町村の長が指定する金融機関に取り扱わせることができる。

6　第1項又は第2項の金融機関を指定金融機関と、第3項の金融機関を指定代理金融機関と、第4項の金融機関を収納代理金融機関と、前項の金融機関を収納事務取扱金融機関という。

7　普通地方公共団体の長は、指定代理金融機関又は収納代理金融機関を指定し、又はその取消しをしようとするときは、あらかじめ、指定金融機関の意見を聴かなければならない。

8　普通地方公共団体の長は、指定金融機関、指定代理金融機関、収納代理金融機関又は収納事務取扱金融機関を定め、又は変更したときは、これを告示しなければならない。

　このように地方自治法施行令第1項、第2項では、指定金融機関について、都道府県については義務付け、市町村並びに地方自治法第283条の規定により市の規定が適用される特別区、292条の規定により構成自治体の規定が準用される組合は、任意の指定となってい

ます。

　また、第3項では収納及び支払い事務の取り扱いができる指定代理金融機関、第4項では収納事務のみ取り扱う収納代理金融機関が規定されています。この規定のポイントは、「指定金融機関をして」指定させる仕組みであるというところです。

　都道府県を除く自治体では、指定金融機関や指定代理金融機関、収納代理金融機関を必ずしも指定する必要はなく、特に財政規模の小さな自治体では、第5項に規定される収納事務取扱金融機関を長が指定して公金の取り扱いをしています。

　なお、本書の以後の記述では、これらの金融機関を「指定金融機関等」と表記して説明します。

出納事務に関連する規定

　税等の納入義務者は、指定金融機関等の窓口で支払いを行うことが多く、また、自治体の支払いは債権者の口座へ振り込むことによって行われることがほとんどです。

　まず、口座振替及び小切手などの証券による納付については、以下のとおりです。

地方自治法

（証紙による収入の方法等）

第231条の2　普通地方公共団体は、使用料又は手数料の徴収については、条例の定めるところにより、証紙による収入の方法によることができる。

2　証紙による収入の方法による場合においては、証紙の売りさばき代金をもつて歳入とする。

3　証紙による収入の方法によるものを除くほか、普通地方公共団体の歳入は、第235条の規定により金融機関が指定されている場合においては、政令の定めるところにより、口座振替の方法により、又は証券をもつて納付することができる。

　第1項、第2項は、証紙による収入方法の規定です。証紙は換金性を持ちますので、現金と同様に厳重な管理をすることになります。

　第3項は、指定金融機関等が指定されている場合の規定で、前段では口座振替の納付、後段では指定金融機関等で現金に交換できる

証券での納付が可能とされています。

　口座振替による納付については、以下のとおり規定されています。

地方自治法施行令

（口座振替の方法による歳入の納付）

第155条　普通地方公共団体の歳入の納入義務者は、当該普通
　　地方公共団体の指定金融機関若しくは指定代理金融機関又は
　　収納代理金融機関若しくは収納事務取扱金融機関に預金口座
　　を設けているときは、当該金融機関に請求して口座振替の方
　　法により当該歳入を納付することができる。

　自治体としては、支払忘れがない等のことから、自動振替での納
付を推奨する観点で「自動振替が便利です」という文言を記載した
印刷物を納入通知書に同封したり、庁舎の入口等に同様の掲示をし
たりしています。口座振替にするかどうかは納入義務者が選択する
規定になっていますので、自治体の努力は、これが限界とも言えま
す。

　次に証券での納付についてですが、次の規定のとおり一般的に多
く使用される小切手以外にも日本国債などが認められています。

地方自治法施行令

（証券をもつてする歳入の納付）

第156条　地方自治法第231条の２第３項の規定により普通地方
　　公共団体の歳入の納付に使用することができる証券は、次に
　　掲げる証券で納付金額を超えないものに限る。
　　一　持参人払式の小切手等（小切手その他金銭の支払を目的
　　　　とする有価証券であつて小切手と同程度の支払の確実性が
　　　　あるものとして総務大臣が指定するものをいう。以下この

号において同じ。）又は会計管理者若しくは指定金融機関、指定代理金融機関、収納代理金融機関若しくは収納事務取扱金融機関（以下この条において「会計管理者等」という。）を受取人とする小切手等で、手形交換所に加入している金融機関又は当該金融機関に手形交換を委託している金融機関を支払人とし、支払地が当該普通地方公共団体の長が定める区域内であつて、その権利の行使のため定められた期間内に支払のための提示又は支払の請求をすることができるもの

二　無記名式の国債若しくは地方債又は無記名式の国債若しくは地方債の利札で、支払期日の到来したもの

2　会計管理者等は、前項第1号に掲げる証券であつてもその支払が確実でないと認めるときは、その受領を拒絶することができる。

3　地方自治法第231条の2第4項前段に規定する場合においては、会計管理者等は、当該証券をもつて納付した者に対し、速やかに、当該証券について支払がなかつた旨及びその者の請求により当該証券を還付する旨を書面で通知しなければならない。

　ここでは第1項本文の規定に注意しなければなりません。この規定は、小切手等の証券の納付では、釣銭を出してはいけないということです。証券は、現金同様に扱われますが、現金ではありません。
　最も使用頻度の高い小切手で説明をすると、小切手は、受け取った自治体の指定金融機関等を通じて、納入義務者の口座のある金融機関に送付され、引き落としをされて現金化されるのです。もしも残高が不足していれば、小切手のまま戻されることになります。この場合、小切手を受け取る時点で釣銭を現金で渡していたとしたら、

事後の処理は煩雑になることになります。よって地方自治法施行令の本文で「取り扱いができない証券」として禁止をし、このような事態が発生しないようにしていると解釈するのが妥当でしょう。

　次に、口座振替による支払いです。自治体の支払いは、本来は現金で債権者に支払うことが原則です。しかし、金融機関が発達した今日では、自治体の支払いのほとんどが口座振替による支払いで行われています。

　口座振替が可能になるためには、次の規定に従うことが必要です。

地方自治法施行令

（口座振替の方法による支出）

第165条の2　地方自治法第235条の規定により金融機関を指定している普通地方公共団体において、指定金融機関、指定代理金融機関その他普通地方公共団体の長が定める金融機関に預金口座を設けている債権者から申出があつたときは、会計管理者は、指定金融機関又は指定代理金融機関に通知して、口座振替の方法により支出をすることができる。

　自治体からの支払いを口座振替で受け取るには、この規定のとおり自治体の指定金融機関等に預金口座を持ち、申し出をしなければなりません。仮に民間企業が取引をする金融機関が自治体の指定金融機関等の指定を取り消されることがあると、その企業は別の支払い手段かその他の自治体の長が定める金融機関に口座を変更する必要があります。

　支払いの実務としては、指定金融機関や指定代理金融機関と為替取引ができる金融機関であれば、地方自治法施行令第165条の2にある「その他普通地方公共団体の長が定める金融機関」として認めて振込みを行うことは可能です。しかし、「長が指定して定める」

という行為は、次の通知のとおり、全国にある全ての金融機関を指定しているわけではありません。

昭和38年12月19日通知

* 長が金融機関を定める場合は、指定金融機関又は指定代理金融機関と為替取引のある金融機関のうちから適宜定める。

* 債権者からの申出は、一般的には単なる振込先金融機関の通知で足りる。

このように債権者が、収納代理金融機関など地方自治法施行令第168条に規定される金融機関以外の金融機関への振込みによる支払いを希望して口座振込による支払いを実行しているケースは、その都度、債権者から申し出のあった金融機関を単発的に追認している慣例にすぎないと私は理解しています。つまり、指定金融機関や収納代理金融機関など地方自治法施行令第168条に基づく指定金融機関等の指定を自治体の意思で外した場合、たとえ金融機関間の送金を可能とする全国銀行データ通信システム（全銀システム）に加盟している金融機関だったとしても、自治体の長が振込先として認めないということもあり得ると私は考えます。

この場合、債権者は、別の金融機関にある口座を申し出れば支払金の受領には支障がありませんので、債権者にも債務者である自治体にも大きな影響はありません。

この点については、近年、自治体への働きかけが激しくなっている金融機関の手数料等の問題にも関係しますので、しっかりと認識しておく必要があります。

指定金融機関の責任と検査義務

　指定代理金融機関と収納代理金融機関の指定は、前述のとおり指定金融機関がすることになっています。

　これは指定金融機関には重たい責任が課せられているということであり、次の条文からも明らかです。

地方自治法施行令

（指定金融機関の責務）

第168条の2　指定金融機関は、指定代理金融機関及び収納代理金融機関の公金の収納又は支払の事務を総括する。

2　指定金融機関は、公金の収納又は支払の事務（指定代理金融機関及び収納代理金融機関において取り扱う事務を含む。）につき当該普通地方公共団体に対して責任を有する。

3　指定金融機関は、普通地方公共団体の長の定めるところにより担保を提供しなければならない。

　第1項の「総括する」という意味が、第2項の括弧書きにある指定代理金融機関、収納代理金融機関の取り扱い事務まで含むということ、つまり、単にお金を集合する以上の責任を負わされていることを自治体関係者は認識しておく必要があります。これは、後述する手数料問題を考える際の手がかりの一つになるからです。

　そして、指定金融機関の責任の程度は、第3項によって担保の提供義務が課せられていることで、より理解することができます。

また、この仕組みにより、指定金融機関が指定代理金融機関、収納代理金融機関に対して監督する立場にあることも明確になっています。

　こうした責任を指定金融機関に課し、公金取扱い事務が関係するすべての金融機関で正しく行われ続けるためには、自治体側の責任も適切に果たされる必要があります。

　自治体における責任の所在は、次のとおり会計をつかさどる会計管理者に課せられています。

地方自治法施行令

（指定金融機関等の検査）

第168条の4　会計管理者は、指定金融機関、指定代理金融機関、収納代理金融機関及び収納事務取扱金融機関について、定期及び臨時に公金の収納又は支払の事務及び公金の預金の状況を検査しなければならない。

2　会計管理者は、前項の検査をしたときは、その結果に基づき、指定金融機関、指定代理金融機関、収納代理金融機関及び収納事務取扱金融機関に対して必要な措置を講ずべきことを求めることができる。

3　監査委員は、第1項の検査の結果について、会計管理者に対し報告を求めることができる。

　第1項では、会計管理者に検査することを義務付けています。ただし、実務上は問題を抱えることもあります。

　一つ目の問題は、「検査の定期的な実施」という点です。

　指定金融機関や指定代理金融機関の検査を毎年度定期的に行うことは可能でしょう。しかし、収納代理金融機関は数が多いため、会計課の人員が少ない自治体では、毎年度定期的に検査を行うことは

困難です。

　このような場合は、年度毎に検査の実施が可能な数を確認し数年度分の検査スケジュールを立て、それに沿って検査を行うことが合理的です。

　もちろん毎年度検査を実施することができれば良いのですが、収納代理金融機関の中には取扱件数の少ない金融機関もあります。住民の利便性から指定取消が好ましくない状況であれば、金融機関に検査対応という事務負担を一律に負わせることは、社会的な常識から鑑て不適当とも考えます。

　条文が「毎年度の検査」を求めているわけではありませんので、検査頻度は会計管理者の裁量に委ねられていると考えます。

　二つ目の問題は、検査の質の問題です。

　検査員は、会計管理者をはじめとする自治体の一般事務職の場合がほとんどと言って良いでしょう。これは、銀行の事務処理については知識のない検査員が、検査を行うということです。こうした状況では、検査が形骸化しやすくなり、とても検査とは言い難いセレモニーで終了してしまうことも懸念されます。

　検査は、検査と言える内容でなければなりません。私は、それがたとえ金融関係者から見て低水準と言われるような、収納金が意味不明の滞留をすることなく妥当な日数で自治体に到達しているかを確認する内容の検査であっても、それが地方公務員法で職員に求められる標準職務遂行能力の限界であるなら職責は果たしていると考えます。

　こうした検査をしていれば、第3項に規定される監査委員からの報告を求められても、困ることはないでしょう。

　また、検査は金融機関にとっても一大イベントに捉えられがちです。これは、金融庁や本社等の検査を受ける銀行マンとしては当然のことです。

しかし、地方自治法施行令が求めている検査は、公金の取扱事務が適正に行われているかどうかという狭い範囲の検査です。

　したがって、検査は検査事務として簡素に行い、イベント事にありがちな事前の湯茶等の接待等、検査の質に対する住民の疑念を招きかねない行為は、排除しておくことが望ましいでしょう。

第4章

歳入歳出現金の
管理

8

歳入歳出現金とは

　自治体は歳入を収入して管理し、必要な都度、必要なお金を支払います。この流れの中にある現金が歳入歳出現金です。

　つまり、管理されている資金は、自治体の活動に必要な現金の支払いに充てられるわけですから、歳入歳出現金は支払のための資金であるとも言えます。

　法律上は、下記の条文のとおり会計管理者の責任の下で行われます。

地方自治法

第170条　法律又はこれに基づく政令に特別の定めがあるものを除くほか、会計管理者は、当該普通地方公共団体の会計事務をつかさどる。

2　前項の会計事務を例示すると、おおむね次のとおりである。

　一　現金（現金に代えて納付される証券及び基金に属する現金を含む。）の出納及び保管を行うこと。

　二　小切手を振り出すこと。

　三　有価証券（公有財産又は基金に属するものを含む。）の出納及び保管を行うこと。

　四　物品（基金に属する動産を含む。）の出納及び保管（使用中の物品に係る保管を除く。）を行うこと。

　五　現金及び財産の記録管理を行うこと。

　六　支出負担行為に関する確認を行うこと。

七　決算を調製し、これを普通地方公共団体の長に提出する
　　　こと。
　3　〔略〕

　会計管理者の下では、上記のとおり地方自治法第170条2項1号
のほか、支払行為に伴う小切手の振り出しが行われます。

　さて、自治体の収入は、年度が始まる4月1日に歳入予算に計上
された金額が現金として存在しているわけではありません。

　例えば、国の補助事業に伴う補助金は、一般的に補助事業の完了
後に収入されます。つまり、補助金収入の多くは、国の検査完了後
の事後払いになります。

　しかし、補助事業の遂行過程では職員人件費や消耗品費、事業完
了後の一定期間内では工事費などが支払われます。

　そこで、会計管理者の最も重要な仕事として出てくるのが、支払
資金の不足が生じないように金額を常に把握しておくことです。

　各自治体では支払資金の不足が生じないように会計（財務）規則
の中で、全ての課長等から会計管理者に翌月の収入金や支出金の予
定を報告させるルールを定めています。

　これについては問題を抱えている自治体も多くありますので、後
に説明します（21　運用資金の把握）。

歳入歳出現金の適切な運用

　歳入歳出現金は、その資金特性から長期間会計管理者が管理する口座に滞留することはありません。したがって、前述の支払資金不足が生じない程度には残高が確保され、当面、支払資金に対しての余剰が見込まれる際には、適切な運用が求められることになります。この場合の多くは、1月にも満たない日数単位の短期金融商品になりますが、短期の金融商品が成立するためには、金利水準が一定程度の高水準であることが必然です。

　しかし、1980年代後半にバブル景気が崩壊したのを契機に90年代に日本銀行がゼロ金利政策を打ち出して以降、本書を記述している時点に至るまで超低金利政策が採られ続けています。

　この環境は、実務担当者に「歳入歳出現金は運用対象ではない」との誤解を生み、短期運用の実務が行われないことと併せて、組織から短期運用の意識すら喪失する事態を生みます。しかし、金融環境は常に変化することを忘れてはいけません。

　歳入歳出現金の管理運用に関する規定は、以下のとおりです。

地方自治法

（現金及び有価証券の保管）

第235条の4　普通地方公共団体の歳入歳出に属する現金（以下「歳計現金」という。）は、政令の定めるところにより、最も確実かつ有利な方法によりこれを保管しなければならない。

2・3 〔略〕

地方自治法施行令

（歳計現金の保管）

第168条の6　会計管理者は、歳計現金を指定金融機関その他
　の確実な金融機関への預金その他の最も確実かつ有利な方法
　によつて保管しなければならない。

　ここで注意しなければならないことは、地方自治法施行令にある
「最も確実」と「有利な方法」という2つの記述です。確実と有利
という異なる要素は、それぞれをその都度、自ら選択する必要があ
ります。

　後述しますが、かつて金融システムが金融機関の経営破綻という
連鎖を生み、預金者の不安を生みました。そのような状況に対応す
るため、政府は一時的に預金の全額保護政策を打ち出し、預金に対
する国民心理の安定化を図りました。その後、金融機能強化法が整
備することに伴い、この政策は役割を終えて段階的に解除されてい
きます。

　このとき、当時、雑誌に掲載された地方銀行協会会長のコメント
によれば、「安全を最優先にする自治体からの要請に応えて、無利
息ではあるが万一の場合に預金保険により全額保証される決済用預
金という金融商品を作った」ということがあり、多くの自治体が歳
入歳出現金を決済用預金に移しました。

　その後、金融機能強化法が整備された以降は、金融機関の経営状
況が確認された段階で公的資金の注入が可能になり、かつての北海
道拓殖銀行のように経営破綻をして消滅する金融機関はなくなりま
した。例外は、特殊な経営形態をとり、破綻直前に違法行為を行っ
た結果、経営者まで逮捕された一行のみです。

預金の欠損（ペイオフ）の仕組み

　ここで金融機関が倒産をすると、なぜ預金が欠損するのかを簡単に説明します。

　金融機関に限らず、あらゆる企業は起業時の資金（資本金）からスタートします。スタート時点での資本金は、不動産や預金、備品など様々な形に変わります。これを資産と言います。

　企業は、資産を活用しながら事業活動を行い、必要に応じてさらに第三者から活動資金を借りる（負債）などして、再び活動する資金を得ていきます。この企業活動にまつわる財務の動きを1年間で区切るのが会計年度です。

　スタートした時点での資産は、1年間の事業活動の結果によって増えもするし、上手くいかなければ減りもします。上手くいかないことが続くと、資産である預金などが減り、資産の合計金額が減っていきます。しかし、どのような状況になったとしても、最低限、借入金は返済しなければなりませんし、支払うべきお金は支払う必要があります。これを債務と言います。

　この債務の合計金額が、同じ時点での資産の合計額を上回ることになれば、全ての債務を解消することができなくなります。この状態を債務超過と言います。いわゆる倒産です。

　金融機関の仕組みもこれと同じです。ここでは金融機関をリース業に例えて説明しましょう。

　最も中心的な商品は、お金です。金利はお金の値段です。したがって、不特定多数の人たちに対して値段を示し、預金という名の

貸し出し商品を確保します。そして、その商品の調達原価に上乗せをしたリース料金を設定したりして必要な人たちに貸し出します。顧客が順調に確保され、この後、何も起きなければ企業活動は継続していけるでしょう。しかし、それは保証されていません。

　金融機関が扱う商品はお金です。金利とは、お金の値段です。この値段は、他の業種とは違い必ずしも自由に設定することはできません。なぜなら、お金という商品には、同じ通貨であれば品質の差がないからです。しかも、経済情勢やそれを踏まえた政府や日本銀行の政策によって、金利は常に変動します。経済環境が安定していれば、お金という商品には妥当な値段（金利）が設定され、順調に利益を上げ続けることができます。しかし、経済の状況が急激に悪くなるような事態になると、そうはいきません。

　金融機関の本業は、お金を仕入れ（預金）て、そのお金を仕入れ値（預金利率）よりも高い値段（貸出利率）で第三者に貸して（貸付金）利益を確保します。そこで急激な経済の悪化があると、貸出先の倒産ということも起こります。この場合、金融機関が貸し付けたお金は、程度の違いはあるにせよ、すべてが返済されるということはなくなります。この返済されない貸付金を不良債権と言います。

　貸付金は資産ですから、不良債権の増加や、不況を背景とした不動産や有価証券の価値の減少があると、金融機関の経営は不安定になっていきます。そして、この資産の合計額が、預金者の預金に代表される返済すべき負債の合計額を満たせなくなると、金融機関は債務超過ということになります。つまり、金融機関の破綻、倒産です。

　金融機関が倒産になっても、資産がゼロになっているわけではありません。残っている資産で可能な限り返済義務を果たさなければなりません。しかし、負債に対して資産が50％しかなければ、50％は返してもらえないということになります。こうした仕組みの中で、

預金者から見た預金（現金）を返してもらう権利（預金債権）のうち、預金の一部の返済が履行されない状態になります。これが預金のペイオフです。

　公金がペイオフされることが納得できない自治体関係者もいると思いますが、この仕組みは預金者責任を形にしたものであることを認識する必要があります。

　金融機関の経営破綻の情報は、ある日の朝、突然に破綻という最終結果の情報がもたらされるわけではありません。それまでに様々なシグナルを把握できていたはずです。そうした情報が集まる中でも、その金融機関を選択し続けていたということになりますので、選択結果の責任は負わされて当然なのです。

　以上の流れを図で示すと、図−2のようになります。

図−2　ペイオフ制度の概略

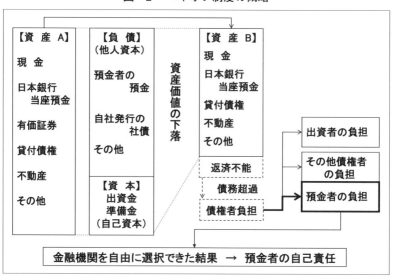

　ここでペイオフに対応する預金保険制度に触れておきます。
　預金保険制度は、預金保険機構が受け持つ保険制度で、万が一、

金融機関が破綻した場合に、預金保険機構が預金の欠損を保険によって保障する制度です。図－3のような説明図は、預金保険機構がホームページ上で公表しています。

図－3　預金保険の仕組み

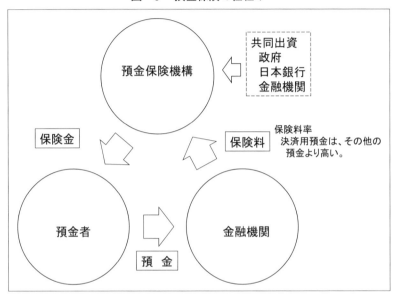

　預金保険料は、預金の種類によって保険料率が定められています。ちなみに執筆時点での預金保険料率は、預金が全額保護されているといわれる決済用預金が0.049％、その他の預金が0.036％となっており、外形的には金融機関が支払っています。しかし、決済用預金に利息は付かないのですから、預金者が負担していると言っても良いのでしょう。

　さて、金融機関が消滅するリスクが極めて低くなった今日、果たして無利息でも全額保護という措置を望む理由はあるのでしょうか。少なくとも決済用預金で歳計現金を管理する前の普通預金での管理にすれば、超低金利とはいえ利息収入は得られるのです。

このように考えると、金融情勢に応じた預金の種類選択も、運用の一つであると言えます。

　詳しくは、後述（20　決済用預金と普通預金）しますが、現在も決済用預金で歳入歳出現金を管理する自治体もあるかもしれません。

　ただし、その場合、会計管理者は、利息収入が得られる普通預金ではなく、無利息の決済用預金を選択している理由を明確に整理しておく必要があります。なぜなら、利息収入は住民が得られるべき利益になるからです。

　最低限、住民や議会から説明を求められる想定での準備は整えておく。これは会計管理者の職務としての義務だと私は考えます。

第5章

歳入歳出外現金の管理

保管できる現金の制限

　財産の保管には、紛失等の間違いなどのリスクが伴うため、以下のとおり厳しい制限がかけられています。

地方自治法

（現金及び有価証券の保管）

第235条の4　〔略〕

2　債権の担保として徴するもののほか、普通地方公共団体の所有に属しない現金又は有価証券は、法律又は政令の規定によるのでなければ、これを保管することができない。

3　法令又は契約に特別の定めがあるものを除くほか、普通地方公共団体が保管する前項の現金（以下「歳入歳出外現金」という。）には、利子を付さない。

　第2項にあるとおり、歳入歳出外現金は自治体に所有権がない、いわば預り金であり、保管することができる要件を法律または政令で制限しています。

　具体的な例を挙げると、所得税法に伴う職員給与の源泉所得税、地方自治法の規定に基づく入札契約の保証金、公営住宅事業を実施している自治体では敷金が該当します。

　これらの現金は、期限が来れば所有者に返却し、あるいは税務署等に納付されることになります。

　そこで注目すべきは、第3項になります。規定ではその場合に利

子を付する必要がないとしていることから、今後、金利水準が上昇するような環境になれば、短期運用の可能性も出てきます。金利は常に変動していますのでいつのことかは分かりませんが、この運用機会は逃さないよう注意しておく必要があります。

　また、政令で保管が許されている現金は、以下のとおり債権の担保に関係する現金となっています。

地方自治法施行令

（歳入歳出外現金及び保管有価証券）

第168条の7　会計管理者は、普通地方公共団体が債権者として債務者に属する権利を代位して行うことにより受領すべき現金又は有価証券その他の現金又は有価証券で総務省令で定めるものを保管することができる。

2　会計管理者は、普通地方公共団体の長の通知がなければ、歳入歳出外現金又は普通地方公共団体が保管する有価証券で当該普通地方公共団体の所有に属しないものの出納をすることができない。

3　前項に定めるもののほか、歳入歳出外現金の出納及び保管は、歳計現金の出納及び保管の例により、これを行なわなければならない。

12

住民協働の推進と現金管理

　前述のとおり、歳入歳出外現金の規定では、かなり狭い範囲の現金しか保管できません。

　しかし、近年の自治体運営に伴う行政手法の変化を踏まえれば、保管することが極めて妥当と考えられるケースも出てきています。

　2000年前後の自治体では、恐らく一団体の例外もなく行政改革が喫緊の課題とされていました。このような状況の中、住民サービス提供の行政手法の一つとして住民協働が叫ばれ、取組みが始まりました。

　住民協働とは、いろいろな形態がありますが、最も単純な表現をすると、自治体と多様な主体との役割分担ということになります。中でも任意団体の活動による効果が大きく、必然的に任意団体の育成も積極的に取り組むことも課題となってきました。

　こうした状況下にあって、任意団体の支援や実行委員会形式による事業の手法として、事務局機能を担当課が担うことも増えてきました。事務局を担う上で大きな比重を占める事務が、現金や預金の管理です。しかし、現行の規定ではこの管理を認めていません。

　こうした状況を踏まえて、私は過去に埼玉県内のある自治体で、住民協働事業の効果が今後の行政運営に不可欠であるとの認識の下、総務省に対して法定外の現金について特区として認めてほしい旨の申請をしました。この申請には、市から以下のような具体的な提案もありました。

① 取扱いルールにかかる内規を整備する
② 決算に伴い公表される貸借対照表に「預り金」として表示をし、金額の把握はもとより住民への開示をする
③ 地方自治法施行令第168条の7第1項への「条例に定めるもの」という趣旨の文言の追加の要望をする

　私は、この申請を国に対する自治体の「建議」のように理解しましたが、残念ながら当時の総務省は「現行規定が認めていない」「公金の亡失等による賠償規定と整合しない」などの理由で認めていません。

　そもそも規定が現状に適応しておらず、行政運営に支障が生じているからこその申請にもかかわらず「現行規定が認めていない」という回答、また、公金とは異なる現金の提案に「公金の亡失等による賠償規定と整合しない」という回答は、誠意をもって検討をした欠片さえ見えないように今でも感じています。

13

長の裁量としての内規による実務対応

　自治体の行政運営は、情報開示を前提とした住民協働によって進められています。そうした中で、自治体と住民が必要な作業の役割を分担し、より良い状況を創造していこうとするのは当然で、これは地方自治の本旨（住民自治・団体自治）そのものです。

　また、自治体の自己決定、自己責任を掲げた地方分権が目指した姿でもあります。

　さて、組織の長には、組織の目的を達成するために、一定の裁量権が認められることは社会の常識です。これによって違法行為が認められるということにはなりませんが、組織の目的が達成され、特段の「被害者」が存在しないケースでは、法の運用として長の裁量権が一定程度認められるということもあります。

　こうした状況を踏まえ、いくつかの自治体では、仕事上管理せざるを得ない現金を「準公金」と定義し、下記のように「取扱規程」を整備することで問題解決をしている例があります

◇◇市準公金取扱規程

　（目的）

第1条　この訓令は、実施機関の事務部局に所属する職員（再任用職員、任期付職員、会計年度任用職員及び臨時的に任用される職員を含む。以下「職員」という。）が取り扱う準公金について、その取扱いの基本方針及び手続に関し必要な事項を定めることにより、準公金会計事務の適正化及び事故防

止を図ることを目的とする。

（定義）

第2条　この訓令において、次の各号に掲げる用語の意義は、当該各号に定めるところによる。

（1）　実施機関　市長、議会、教育委員会、選挙管理委員会、公平委員会、監査委員、農業委員会、固定資産評価審査委員会、水道事業及び下水道事業管理者の権限を行う市長及び病院事業管理者をいう。

（2）　協議会等　実施機関が事務局となり、職員が職務上会計事務を行っている協議会、協会、実行委員会等の団体をいう。

（3）　準公金　市財務規則、◇◇市諸企業会計規定の適用を受けない現金、預金等であって、協議会等の所有に属するものをいう。

（取り扱う準公金）

第3条　実施機関の課、分室等の長（以下「所属長」という。）は、所属内の準公金について、次の各号に掲げるいずれかの要件を満たす場合に限り、職員に取り扱わせることができる。

（1）　準公金を取り扱うことが公共性を有すること。

（2）　準公金を取り扱うことが所属の処理すべき事務と密接な関係を有すること。

2　前項の規定にかかわらず、所属長は、協議会等の現金等のうち、他の公共団体又は民間団体と共同で運営する協議会等に係るものについては、当該協議会等の運営を実施機関が主体となって行う必要があるなど合理的な理由がある場合に限り、職員に準公金として取り扱わせることができる。

※　以下の条文で規定されている内容

　　（準公金取扱いの基本方針）

（準公金会計事務の届出）

（準公金管理者及び会計担当者）

（準公金管理者の責務）

（準公金会計事務の方法等）

「こうした内規は、そもそも違法なので無効ではないか」との指摘をする人もいるかもしれません。

しかし、前述したとおり、避けられない事態への対応に法令の整備が追い付いていない状況がある中では、長が発揮する裁量権で対応することは自然なことだと私は考えます。

そもそも、内規で適切に管理するメリットがなければ、住民協働を進めることに支障が出るのであれば、自治体として何が正しい選択かは考えるまでもありません。

第6章

基金の管理

基金の管理

自治体の貯金となる基金には、次の規定があります。

地方財政法

（地方公共団体における年度間の財源の調整）

第4条の3 地方公共団体は、当該地方公共団体の当該年度における地方交付税の額とその算定に用いられた基準財政収入額との合算額が、当該地方交付税の算定に用いられた基準財政需要額を著しく超えることとなるとき、又は当該地方公共団体の当該年度における一般財源の額〔中略〕が当該地方公共団体の前年度における一般財源の額を超えることとなる場合において、当該超過額が新たに増加した当該地方公共団体の義務に属する経費に係る一般財源の額を著しく超えることとなるときは、その著しく超えることとなる額を、災害により生じた経費の財源若しくは災害により生じた減収を埋めるための財源、前年度末までに生じた歳入欠陥を埋めるための財源又は緊急に実施することが必要となつた大規模な土木その他の建設事業の経費その他必要やむを得ない理由により生じた経費の財源に充てる場合のほか、翌年度以降における財政の健全な運営に資するため、積み立て、長期にわたる財源の育成のためにする財産の取得等のための経費の財源に充て、又は償還期限を繰り上げて行う地方債の償還の財源に充てなければならない。

2・3 〔略〕

（積立金の処分）

第4条の4 積立金は、次の各号の一に掲げる場合に限り、こ
れを処分することができる。

一 経済事情の著しい変動等により財源が著しく不足する場
合において当該不足額をうめるための財源に充てるとき。

二 災害により生じた経費の財源又は災害により生じた減収
をうめるための財源に充てるとき。

三 緊急に実施することが必要となつた大規模な土木その他
の建設事業の経費その他必要やむを得ない理由により生じ
た経費の財源に充てるとき。

四 長期にわたる財源の育成のためにする財産の取得等のた
めの経費の財源に充てるとき。

五 償還期限を繰り上げて行なう地方債の償還の財源に充て
るとき。

　これは1960年（昭和35年）の改正で規定されました。当時、多く
の自治体が財政再建団体となっていた状態から抜け出し、基金の造
成が可能になったことから明文化されたものです。

基金の運用

　さて、基金は自治体の蓄えですから、一般家庭の貯金と同じように日々のやりくりで余ったものを積み立てていくことになります。

　そこで、地方自治法は次のように規定しています。

地方自治法

（歳計剰余金の処分）

第233条の2　各会計年度において決算上剰余金を生じたときは、翌年度の歳入に編入しなければならない。ただし、条例の定めるところにより、又は普通地方公共団体の議会の議決により、剰余金の全部又は一部を翌年度に繰り越さないで基金に編入することができる。

　この規定にあるように、基本的な積立ができる条件は、決算で現金に剰余が出ることです。

　さらに、自治体財務における基金の重要性から、地方財政法では積立について「2分の1」の制限規定も設けています。

地方財政法

（剰余金）

第7条　地方公共団体は、各会計年度において歳入歳出の決算上剰余金を生じた場合においては、当該剰余金のうち2分の1を下らない金額は、これを剰余金を生じた翌翌年度までに、

積み立て、又は償還期限を繰り上げて行なう地方債の償還の
財源に充てなければならない。

2～4　〔略〕

　基金は、運用資金になります。行政運営の安定化を図るとともに
運用益をより多く獲得したいと考えるなら、基金の額をより増やす
ことが必要です。資金を増やすためには、地方自治法第2条14項に
ある「最小の経費で最大の効果」の主旨を再認識して、全庁的に取
り組むのは当然なのではないでしょうか。

地方財政法
（地方公共団体における年度間の財源の調整）
第4条の3　〔略〕
2　〔略〕
3　積立金は、銀行その他の金融機関への預金、国債証券、地
　方債証券、政府保証債券（その元本の償還及び利息の支払に
　ついて政府が保証する債券をいう。）その他の証券の買入れ
　等の確実な方法により運用しなければならない。
（財産の管理及び運用）
第8条　地方公共団体の財産は、常に良好の状態においてこれ
　を管理し、その所有の目的に応じて最も効率的に、これを運
　用しなければならない。

　地方財政法第4条の3第3項では、運用商品について、預金をは
じめとして国債証券ほか有価証券に制約をかけています。
　一部では安全性を重要視して、国債証券、地方債証券、政府保証
債券のみを対象とする考え方を採っていますが、規定上は「その他
の証券」も含めて確実な方法と言っています。

ここで、「元本保証」の意味を正しく理解しておきましょう。

言葉の持つ印象としては、「安全」と同義語と受け止める方もいるかもしれません。しかし、「元本保証」と「安全性」は全く関係がありません。元本保証とは、預け入れや証券を発行した団体が期日満了の時点で存続していれば、約定した条件を履行するということです。したがって、満期まで確実に団体が存続しているかどうかは、自分で判断しなければなりません。

日本の国債証券や地方債証券が安全だと思われているのは、大多数の人たちが「日本国や国内の地方自治体が消滅することはないだろう」と考えているからにすぎません。仮に、将来、国家の安全が脅かされる事態が発生し、適切な対応策を政府が取れなかったりすると、国債の持つ金融商品としての安全性は急落することになります。

しかし、不幸にもこのような事態が現実になれば、運用益などを議論する意味などないでしょうし、国内に流通する他の金融商品の安全性も失われるでしょうから、この場合にあっても国債が持つ金融商品としての相対的な安全性は高いと考えられます。

第7章

公金運用担当者の心構え

住民への説明を意識する

　多額の資金を運用するという事務は、どの自治体を探しても、会計管理者が所管する部署（出納室・会計課など）以外にはありません。

　また、間違いではなくとも運用手法の選択によっては、得られる運用益に大きな差ができてしまうという、目に見える数字の差ができてしまう仕事でもあります。

　したがって、会計管理者をはじめとする運用の事務担当者に就任したなら、心構えから再確認しておくことをお勧めします。

　何が重要かは人それぞれ異なりますが、参考までに、私が経験上大切だと考える会計管理者の4つの心構えを本章で記します。

　さて、運用資金となる公金は、住民の共有財産であることは言うまでもありません。したがって、担当者の仕事は、常に説明できる状態にしなければなりません。

　ここで最も意識すべきことは、金融環境は常に変化するものだということです。

　運用益に直接影響を与える要素は、金利と期間です。そして、この2つの要素は、影響し合う関係にあることを忘れてはいけません。

　例えば、1億円の基金を何年で運用するのか。一般的に、運用期間が長いほど高い金利が設定されています。運用期間を決めても金融商品によって金利の差はあり、得られる運用益に大きな違いが生じることもあります。

そのように考えると、住民から説明を求められる内容は、「運用益がどのくらいか」より、「なぜ、その期間、その金融商品にしたのか」という運用時点の判断だと考えておくべきでしょう。

　しかも、説明を求められる時期は、運用期間終了後に運用益が確定した時点が最も注目されると考えれば、金融商品によっては10年後や20年後ということもあり得るのです。このときに、運用開始時の担当者は誰一人残っていません。

　こうしたことに対処するには、運用判断も含めて明文化された基準を作成し、必要な記録を残しておく以外にありません。運用基準については、後の項目で説明します。

会計管理者は、善管注意義務を
意識すること

　善管注意義務とは、その職に求められて当然の注意義務の水準と言われます。これは民事上の賠償責任を負うかどうかの判断基準とも言われており、会計管理者の職務を考えると、無視することはあまりにも危険ではないかと考えます。

　会計管理者は、首長が任命する職員です。しかし、首長との関係では、他の管理職ポストとは異なる役割分担が地方自治法で規定されています。

地方自治法

第149条　普通地方公共団体の長は、概ね左に掲げる事務を担任する。

　一〜四　〔略〕

　五　会計を監督すること。

　六〜九　〔略〕

第170条　法律又はこれに基づく政令に特別の定めがあるものを除くほか、会計管理者は、当該普通地方公共団体の会計事務をつかさどる。

　2　前項の会計事務を例示すると、おおむね次のとおりである。

　一　現金（現金に代えて納付される証券及び基金に属する現金を含む。）の出納及び保管を行うこと。

二　〔略〕

　　三　有価証券（公有財産又は基金に属するものを含む。）の
　　　出納及び保管を行うこと。

　　四　〔略〕

　　五　現金及び財産の記録管理を行うこと。

　　六・七　〔略〕

　3　〔略〕

　このように、首長は全体を監督する責任を負わされているものの、実務的には現金、有価証券の出納保管と記録管理は会計管理者の責任であると明記されています。このことを念頭に置けば、善管注意義務を果たすことは大変重要であると理解できると思います。

　それでは、実務上、どの程度まで行えば善管注意義務を果たしたことになるのでしょうか。

　残念ながら、私が知る限りでは判例等はありませんので、これをしておけば大丈夫という一線は分かりません。分からない範囲で責任を果たそうとするなら、会計管理者自らが確実にできることを明らかにした上で、実務をするしか方法はないと思います。

　つまり、やるべきことを示し、そのとおりに行っていくのです。

　私が、担当者時代にこの考え方から作成したのが「管理運用基準」というマニュアルです。「管理運用基準」については、後の項目で別途説明します。

18

職員にプライドを持たせる。
職員はプライドを持つこと

　都道府県や指定都市のような職員数の多い自治体では、経済や金融に着目して情報整理を行う担当者が、財政課などにいるかもしれません。

　しかし、私が知るそれ以外の市町村では、財政課は予算を中心に事務を行うことを役割にしています。

　本来、予算を策定するにあたっては、地方財政法に以下の規定があり、経済情報が不要ということはありません。

地方財政法

（予算の編成）

第3条 〔略〕

2　地方公共団体は、あらゆる資料に基いて正確にその財源を捕そくし、且つ、経済の現実に即応してその収入を算定し、これを予算に計上しなければならない。

　しかし、現実には、この規定に応えるためにエコノミストや金融アナリストといった専門家を確保することはできません。

　さて、会計管理者を始めとして公金の運用を担当する職員は、金利に無関心ではいられません。金利は、経済を反映する重要な指標でもあります。

そう考えると、日常的に経済情報を仕事として扱っているのは、庁内で自分たちだけということに気が付くでしょう。この状況を知ってなお、プライドが持てないはずはありません。

19

知識に謙虚であること

　自治体職員は、一般的に3年から5年程度で人事異動の対象になります。管理職である会計管理者になれば、3年在職が限界かもしれません。

　さて、私は常々、自治体のほとんどの職員は真面目であり、短い期間ではあっても必要な事柄を学んで身に付け、真摯に仕事に取組んでいると思っています。なぜなら、庁内全ての部署に専門性があり、職員は間違いが許されない仕事を担当しているからです。

　しかし、専門的な仕事を担当し、公権力を行使する仕事に慣れてくると、自分も専門家であるかのような錯覚に陥ることがあります。金融の世界でこれは危険です。

　金融の世界では、専門が細分化されています。例えばアナリストは、どの業種、業界を見るかといった細分化された中で、将来に向けて活用できる情報整理を期待される職業です。そうした多くの専門家が24時間365日活動した結果が、例えば金利という数字の変化をもたらしているのです。

　残念ながら3年から5年、公金運用の担当者でいたからといって、このような専門家に太刀打ちできるはずもありません。

　分からないことは聞く。教えてもらう。こうした姿勢が、何より重要だと思います。

第8章

預金運用の
ポイント

決済用預金と普通預金

　決済用預金は、なぜ利息が付かないのでしょうか。それは前述
（10　預金の欠損（ペイオフ）の仕組み）のとおり、預金保険料が
普通預金よりも高額だからです。

　預金保険制度は、万一、金融機関が経営破綻をしてペイオフが実
施されることになった場合、決済用預金の場合は全額、その他の預
金は1000万円までは預金のペイオフ相当額を保険で補うことで保護
しようという仕組みです。ここで考えるポイントは2つです。

　1つ目のポイントは、そもそも、金融機関が2000年前後のように
次々と経営破綻を引き起こす状況が今後再来するのかということで
す。もちろん絶対などということはありませんので、最終的には
「自分たちは、どう考えるか」で決めるしかないことを予めお断り
し、以下、私の見解を参考として述べます。

　国内の金融機関は、1990年代後半に不動産バブルの崩壊が大きな
要因となり多額の不良債権を抱え、次々と倒産する状況になりまし
た。この間、政府は預金者の金融不安を払しょくする目的で1995年
から2000年3月までの5年間預金の全額保護という政策を打ち出し
ます。その後、金融経済の状況が改善する状況に合わせ、2000年3
月での預金保護政策解除は見送られ、2年後に定期性預金のみが解
除、さらに2005年3月に至って預金保護政策は全面解除となりまし
た。

　さて、なぜ預金保護政策の解除までにこれだけの時間が必要だっ
たのかというと、それは金融システムを安定させるための対策を講

じていたからです。

2004年、金融機能強化法が施行され、金融庁の監督検査が強化される一方、安定経営の礎となる自己資本が脆弱な金融機関に対してはスムーズに公的資金が注入され、倒産を防止する仕組みが出来上がりました。

自治体に身近な金融機関で言うと、1997年には北海道内の多くの自治体の指定金融機関を担ってきた北海道拓殖銀行が倒産し、金融業界から消失しました。

しかし、金融機能強化法が施行される前年の2003年には、預金保険法の適用を活用して公的資金が注入された、りそな銀行や足利銀行は倒産を免れ、現在も社会の重責を果たしています。

この2行に対する公的資金の投入については、「もし、このまま経営が改善せずに倒産してしまうと、原資である国民の税金が失われることになる」などと国会でも反対意見がありましたが、結果として公的資金の注入は政策としての正しさを証明したと私は考えます。

その後、2004年に金融機能の強化のための特別措置に関する法律（以降「金融機能強化法」という）が整い、必要に応じて銀行だけでなく、その他の金融機関にも公的資金が投入され、経営が回復されています。

公的資金投入で私が認識している例では、2015年に全国信用組合連合会を通じて5つの信用組合に対して、金融機能強化法に基づく注入が100億円規模で行われて救済されています。また、目的は異なりますが、2022年5月、コロナ禍で大きな傷を負った地域経済を資金面で支えるため、山形市を営業拠点とする「きらやか銀行」に対して200億円規模の特例での注入が行われるというニュースもありました。本原稿執筆時点での法律に基づく公的資金の注入は、きらやか銀行を含めて11行になります。

以上のとおり、法整備が終わり現実に機能し続けている中で、指定金融機関であった北海道拓殖銀行と同様の事態が発生する確率はどの程度あるのでしょうか。私は、ほとんどないと考えます。

　そこで2つ目のポイントです。それは、預金に伴う利息収入をどのように考えるかということです。

図－4　普通預金金利の推移（単位：％）

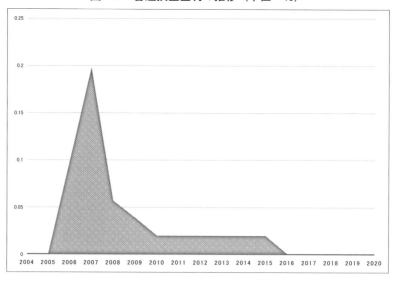

　図－4は、金融機能強化法が施行されて以降の普通預金金利の推移です。近年は、0.001％という長低金利となっていますが、2007年は0.198％となっています。参考までに、歳入歳出現金の平均残高が1億円と仮定した場合、上図のアミかけ部分にあたる利息収入の合計額は52万円になります。これは大規模な自治体であればあるほど、見過ごせない収入金額になるでしょう。

　この利息収入は、預金という金融商品による運用利益です。言うまでもありませんが、同期間に決済用預金で管理していれば収入はありません。

ここで２つのポイントを重ね合わせると、運用に伴うリスクとリターンの話であることが明確になります。それは、金融機関が経営破綻して預金の一部がペイオフされるリスクを前提とした場合に、普通預金利息という運用益を確保するのか放棄するのかということです。

　先にも述べたとおり、金融機能強化法が施行される前と後では、金融機関の経営破綻リスクは大きく異なります。そして、施行後の20年間は、確かに法の効果は出ていると言って良いでしょう。

　そう考えると、今の状況下では、決済用預金の安全性に大きなメリットを見出すことは難しく、むしろ普通預金が生み出す利息に着目することが妥当だと私は考えます。

　いずれにしても、どちらの預金で公金を管理するのかは、自治体それぞれが考えて結論を出すべきことです。しかし、少なくとも上記に示した２つのポイントを検討することもなく、ただただ前任者から引き継いだとおりに指定金融機関の決済用預金で管理しているということであれば、次の条文が求める趣旨を職場で検討してみる必要はあると考えます。

地方自治法施行令

（歳計現金の保管）

第168条の6　会計管理者は、歳計現金を指定金融機関その他の確実な金融機関への預金その他の最も確実かつ有利な方法によつて保管しなければならない。

　この条文は、まず、指定金融機関が確実な金融機関とは言っていません。その他の金融機関も含めた確金融機関の中で確実な金融機関を選択することを求めています。

　次に、金融商品の選択では、預金に限定しているわけでもありま

せん。さらに、確実であれば良いということではなく、有利という
条件も求めています。

　このことを住民への説明責任という観点で、何を説明しなければ
ならないかを考えると以下のようになります。

○　なぜ、その金融機関を選択したのかの理由
○　なぜ、その預金を確実と判断したのかの理由
○　なぜ、その預金が有利と判断したのかの理由

　私なら、仮に有利という点で合理的な説明ができず、決済用預金
を選択していた場合、普通預金にしておけば得られたはずの利息収
入額が逸失利益と捉えられ、住民や議会から指摘を受けるのではな
いかと心配になります。

　何が正しい選択なのかはわかりません。また、金融機関の状況も
それぞれです。その中での選択をするのですから、説明が明確にで
きる選択をするというのも一つの方法だと思います。

　なお、金利水準が高くなってくると、歳入歳出現金も日数単位で
の短期運用の機会が出てきます。「1週間や10日では運用ができな
い」というのは、思い込みです。

　いつ金利が上昇する展開になるかはわかりません。したがって、
金利水準の定期的チェックと並行して、短期運用による運用益の確
保の機会を見逃さないようにしなければなりません。

運用資金の把握

　歳入歳出現金は支払資金です。

　ここで最も重要なポイントは、支払日に必要な資金を用意することです。そのためには、収入金、支出金の予定額を可能な限り正確に把握することが必要になります。

　そこで、自治体では次のような規定を設けています。

○○市財務規則

（収支予定表）

第15条　課長は、毎月の収支予定額を算定し、１件につき100万円以上の収入及び支出について、会計収支予定表により、前月の20日までに会計管理者に通知しなければならない。

　こうした仕組みは財務管理上とても重要なのですが、多くの自治体では全庁的に提出が徹底されないこともあり、提出された予定金額の精度が低いことが資金管理担当者の悩みの種となっています。これは、提出する収支予定表が何に使われるのかが職員に理解されていないことに大きな原因があると思います。

　収支予定に記載のない大きな金額の支出命令を受け、かつ、支払予定日に現金が不足する場合、会計管理者には２つの選択肢があります。一つは、大口定期預金を中途解約して現金を用意する方法です。この場合は、大口定期預金の満期で得られる利息収入を放棄することになります。

もう一つの方法は、一時借入金として金融機関からの短期融資を受け、支払いに充てるという方法です。この場合は、支払利息という費用が発生します。

　いずれの場合も財務上はマイナスになることは、職員であれば誰でも理解できます。

　また、経済の状況によっては、金利水準が上昇することがあります。私はこの状況がそう遠くない時期に来ると考えていますが、金利水準によっては10日程度でも運用が可能になります。

　このとき、収支予定が正確に把握されているか否かは、短期運用の機会を活用して利息を得ることができるか否かに直結します。

　こうしたことから、適宜、庁内にアナウンスをすることはとても重要であると考えます。

大口定期預金と預入期間

　大口定期預金は、指定金融機関等と日常的につながりのある自治体にとって利便性の高い運用で、全国の自治体が中心的に活用している運用方法です。

　定期預金金利の推移は、図－5のとおりです。

図-5　定期預金金利の推移（単位：％）

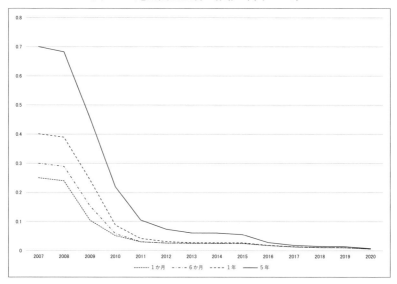

　図－5が明らかにしているのは、以下の2点です。

○　金利は、期間が長いほど高くなる

　この理由は、運用期間中のリスクの発生確率に連動しているとい

う理解で良いでしょう。期間が長いほど、どのようなリスクが発生するかが不透明になります。

　金融機関の立場に立って考えると、リスクの発生確率の高低に関係なく同じ利息にすると、長期の預け入れをする人はいなくなります。なぜなら、短期の預け入れを繰り返す方が、満期ごとに預金者自らが経済動向等の情報を得ながらリスクの発生確率を判断できるからです。

　短期の預金だけを集めた金融機関は、満期を迎えた預金が更新される保証がないので、必然的に、長期の貸付はできなくなります。これでは、経営が成り立ちません。

　この理屈が理解できると、金融機関にとって定期預金の中途解約は大変迷惑であることが分かるでしょう。

　単純な例で言えば、期間1年の定期預金は、1年の貸付原資になります。この預金が半年で解約ということになると、貸付金とのバランスを崩します。

　自治体の場合、こうした中途解約を繰り返すということは、金融機関の信頼を落としていると謙虚に考えるべきです。金融機関が何も言わずに解約に応じるからといって無神経でいては、金融機関との信頼関係は構築できません。

　預金運用がこのような事情を内包することも、運用資金の把握の重要性につながります。

○　2017年以降は、中長期運用のメリットがない

　図-5のグラフのとおり、2017年以降は預入期間の差がありません。したがって、長期の運用をするメリットがほとんどないという状況です。

　しかし、金利は経済の動向を反映する指標でもあります。経済状況が回復してくると、金利は上昇します。

ここで会計管理者と運用担当者は、実務上、注目しておかなければならないことがあります。

　2020年を過ぎて2022年の本書執筆段階でも低金利の状況は変わりませんが、この５年有余の期間にわたって低金利になっている要因は、デフレ脱却という目標に向けて物価上昇目標２％と掲げた日本銀行の金融政策「異次元の金融緩和」にあります。

　2020年からのコロナ禍の影響も大きく、政策目標の達成はまだ先のようにも思いますが、政府と日本銀行が一体となって取り組んでいる以上、目標は達成するでしょうし、達成してもらわねば困ります。

　そう考えると、運用担当者としては、日々の経済金融情報に注意が向かないようでは困ります。物価上昇目標の達成度合い、金利の動きについて、新聞の見出しレベルのチェックは、最低限行っておくべきでしょう。

　事務は前例踏襲でも処理はできます。しかし、それは仕事ではなく作業です。将来、金利の水準が変わっているのに、運用手法が同じということはあり得ないのです。

支払資金の調達と一時借入金

本書21項で述べたとおり、支払資金が不足すると、何らかの方法で補わなければなりません。1つ目の方法は定期預金を解約すること、2つ目の方法は一時借入金として短期借り入れで補う方法です。

一時借入金は、次の条文のとおり、一般的には当初予算案の議決の中で歳入歳出予算と同じく限度額が決まり、借入が可能になります。

地方自治法

（予算の内容）

第215条　予算は、次の各号に掲げる事項に関する定めから成るものとする。

一　歳入歳出予算

二　継続費

三　繰越明許費

四　債務負担行為

五　地方債

六　一時借入金

七　歳出予算の各項の経費の金額の流用

さて、一時借入金は、支払資金の不足を補うための仕組みですから、必要とする金額と期間を適切に認識する必要があります。

超低金利と言われる時代には、あまり注意が払われていなくとも

大きな問題にはならないでしょう。しかし、金利水準が高くなってくると、1年以内の借入とはいえ支払利息は無視できないものになります。

　行政全体で見たときに、一方では事務用消耗品費の削減にまで取り組んでいるのに、支払利息には無関心では、監査委員はもとより住民も議会も納得はしないでしょう。

資金管理運用基準における
指標の考え方①
〜自己資本比率

　民間企業は、資産を活用して企業活動を行います。この資産は、自らの財産である自己資本と、借入金等のように将来は返済しなければならない他人資本によって形成されます。

　安定した企業活動を行うためには、資産の源泉である自己資本の比率が高いことが望まれ、自己資本比率は金融機関経営の安定度を測る最も分かりやすい指標になります。

　自己資本比率は、金融機関全体が多額の不良債権を抱えてから金融機能強化法が施行されて以降、金融庁が検査の観点として最も重視してきました。そして、現在も、金融庁では自己資本比率によって以下のような指導が行われています。

資本比率の水準		発動措置
国際統一基準	国内基準	
8％以上	4％以上	—
4％以上8％未満	2％以上4％未満	経営改善計画の提出・実施命令
2％以上4％未満	1％以上2％未満	配当の禁止・抑制、総資産の圧縮・増加の抑制
0％以上2％未満	0％以上 1％未満	大幅な業務の縮小、合併または銀行業の廃止
0％未満	0％未満	業務の全部または一部停止命令

前表区分の国際統一基準が適用されるのは都市銀行です。国内基準は、地方銀行をはじめとするその他の金融機関に適用されます。

　そして、金融庁の監督のもと、自己資本比率の程度により経営改善計画の提出、最悪の状態になると業務の停止が命じられることになります。

　さて、公金管理運用の担当者としては、自己資本比率をどのように監視したら良いのでしょうか。

　私は、「毎日、経済欄か地方欄の『見出し』のチェックをしていれば大丈夫」と考えています。

　なぜなら、取引のある信用金庫や信用組合が自己資本比率４％を下回った場合の是正措置の発動は、必ず新聞記事になります。自治体の担当者が自己資本比率の意味を専門的レベルで知らなくとも、金融庁が検査をした結果「問題あり」と公表しているのです。新聞記事を見て危機認識を持ち、それから行動するのでも遅くはないでしょう。

資金管理運用基準における
指標の考え方②
〜指標としての株価

　銀行は、株式会社です。そして、株式市場では毎日売買がされています。したがって、新聞の株式欄には、前日の売買が終了した時点での銀行の株価（終値）が掲載されています。

　さて、株価は専門家の将来予測と言われます。不特定多数の個人から資金を集め、株価に影響が出るほどの大きな金額で株式を売買する専門家集団を機関投資家と言います。

　銀行系、証券系、保険系など、資金を集める手段によって様々な機関投資家がいます。

　例えば、生命保険会社や損害保険会社は、保険料を集めて運用（投資）をし、運用益を上げることによって企業活動のコストを賄い、保険料の支払いを行っている機関投資家です。当然、運用益を上げるためには、詳細な根拠をもって投資判断をしなければなりません。

　そのために機関投資家と言われる組織は、例えば図－6のように投資の責任者としてのファンドマネージャー、投資戦略を整えるストラテジスト、企業情報を分析するアナリストといった専門家によって投資先の選別を行います。

　「この企業は将来も利益を上げ続けて成長する」と専門家が判断すれば、その企業の株が買われて株価は上昇します。逆に「将来の

経営に不安材料があり、利益は上がらないだろう」と考えれば、保有する株は売られて株価が下がります。

図 - 6　機関投資家の投資判断

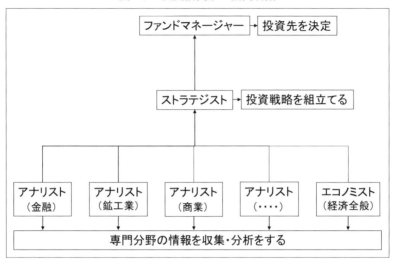

銀行株は、他の業種とは異なり、株価が激しく上昇したり下降したりしにくい業種ではあります。しかし、民間企業である以上、安定が約束されているわけでもありませんので、株価をチェックして記録をしておく必要はあるでしょう。

私は、株価の管理には、次のような株価チェックシートを作成し、月初や月末を基準日とする月1回の記録をしておくことをお勧めし

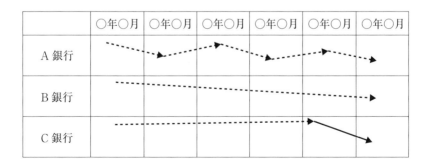

	○年○月	○年○月	○年○月	○年○月	○年○月	○年○月
A 銀行						
B 銀行						
C 銀行						

ています。

　この株価チェックシートでの矢印は、株価の変動を表現しています。この動きにも、少しの注意が必要です。

　A銀行の株価は、毎月、上下に変動していますが、これは株式が公開されて売買されていますので普通の動きになります。

　また、不景気になると株価全体が下降してきますので、その状況下ではB銀行のように少しずつ下降し続けることにもなります。株式市場の動きで言えば、日々報道される日経平均株価の動きと同じように下降し、かつ他の銀行も同じ動きをしているならば特に気にする必要はないでしょう。

　C銀行の動きは、短期間に急激な下降をしていて止まらないという動きです。これは要注意です。なぜなら、これこそが専門家集団である機関投資家の多くが「将来に不安がある」と判断して、保有する株式を売却していることが想像できる動きだからです。

　銀行の経営の何が問題なのかは分からなくとも、問題がありそうだということは株価の動きで分かるのです。

資金管理運用基準における
指標の考え方③
～長期債の格付け

　金融の世界で長期と言った場合、それは10年を指します。企業には、社債という債券を発行して資金を集める方法があり、この返済期間が10年間のものを長期債と言います。

　社債は、満期日に一括返済になりますので、10年間という期間にどれだけのリスクと安全性があるのかを知ることは、社債の購入を考えている投資家にとってはとても重要です。そこで、企業の財務分析をし、格付けという形式で公表しているのが格付け機関と言われる企業です。

　格付け機関は数社あり、格付けの方法も多少の違いはあるのですが、概ね安定性の高い段階から AAA（トリプルA）、AA（ダブルA）、A（シングルA）、BBB（トリプルB）……C、D、さらに中間の表示には＋（プラス）、－（マイナス）の段階も設けて詳細に公表しています。例えば、AA＋はAAAの下、AAの上という評価になります。

　そして、これらの各段階も、大きく２つに分類されます。高い格付けグループを投資適格格付け、低い格付けグループを投機的格付けと言います。言うまでもありませんが、住民の共有財産である公金の管理運用先が、投機即ちギャンブルと評価される金融機関では、住民説明はできないと私は考えます。

資金管理運用基準における
指標の考え方④
〜ディスクロジャー誌の活用

　これまで述べてきた自己資本比率を始めとする指標は、各金融機関が決算時に公表するディスクロジャー誌に掲載されています。ディスクロジャー誌には、その金融機関の決算に係るデータが網羅されていますので、会計管理者は毎決算期ごとに入手しておくと良いでしょう。

　しかし、企業会計方式に慣れていない職員が圧倒的に多い自治体では、ディスクロジャー誌をただ集めて書棚に置いておくだけということにもなりかねません。資料は活用してこその資料です。そのためには、少し労力をかけて活用できるようにしなければなりません。

　次の表は、ディスクロジャー誌にあるいくつかの指標を抽出して表にし、毎会計年度ごとの動きを把握し、異常な動きを見落とさないようにしようとする工夫です。何を指標に抽出するかについては、いろいろな考え方があると思いますが、参考までに私が考えるものを例として記入してみました。

　なお、このシートは、金融機関ごとに作成しておき、管理に役立てるものです。

　預金総額は、預金者から集めた預金の総額です。これは預金者を失い続けるような事態になると減少していき、限界を超えると銀行

	○○期	○○期	○○期	○○期	○○期	○○期
預金総額						
貸付金総額						
預貸率						
不良債権額						
貸倒引当金						
営業利益						
当期利益						
自己資本比率						

全体の資金決済に支障が出ることにもなります。また、増加している
ということになれば、新たな預金者の獲得が順調に進んでいると
いうことかもしれません。

　貸付金総額には、銀行の本業である融資がどの程度行われている
のかが現れます。経済情勢はいろいろな要因で変化しますので、融
資総額が多いから良い、少ないから悪いとは一概には言えません。
しかし、本業の総額が前決算期よりも少なくなっているとすれば、
収益に影響があることは簡単に想像がつきます。

　預貸率とは、預金をどのくらい貸付に回しているかの比率です。
つまり、経営全体の中での本業の比率と言っても良いと思います。
この比率には、金融機関の特色が出ることがあります。例えば、融
資よりも株式や社債、国公債などの有価証券による利益獲得に軸足
を置く経営をすれば、預貸率は他の金融機関よりも低くなります。
しかし、低いことが悪いわけではありません。これは経営の特色が

出ているに過ぎないのです。

　不良債権額は、貸付金の内、貸付先の返済リスクの度合いを加味して判定したリスクのある融資額の合計です。当然のことながら、この金額は低いに越したことはないのですが、かつての金融システム全体が不安定なときにあったと言われる、通常であれば融資をされるケースでも融資を拒む「貸し渋り」や、既に融資してある金額に対して担保が不足するという理由だけで返済を求める「貸しはがし」などがあっては、不良債権額が少ないといっても企業の社会的責任という観点からは本末転倒です。

　営業利益とは、銀行経営（つまり、銀行の本業）によって生み出された利益です。この金額を確保し続けることが、経営者の使命と言っても良いでしょう。

　また、一般に赤字や黒字といった決算収支の表現があります。これは営業利益について言っているものと考えても良いでしょう。

　なお、仮に取引金融機関が赤字決算になった場合は、企業会計は複式簿記ですから、必ず他の指標にも悪化の傾向が出ているはずです。

　また、ディスクロジャー誌は投資家への財務情報の提供と説明の一環として活用されるものですから、必ず記述部分には「なぜ、赤字となったのか」「次期に向けて、どのように取り組むのか」が書かれています。まずは、そのような記載を探してみましょう。

具体的なペイオフ対策①
〜疑問の解消

　自治体の会計は単式簿記ですが、企業会計は複式簿記です。つまり、自治体職員にとっては、企業会計は未知の会計です。

　元自治体職員の私がこのような発言をすると、「分からないなら勉強して覚えるのは当然」という声も自治体関係者以外から聞こえそうです。確かにその通りではあると思いますが、自治体職員が公金の管理運用という特殊業務に携わる期間は、3年から5年程度です。そして、異動した後の職場では、ほとんど複式簿記が必要とされることはありません。

　その短期間の間には、職員それぞれができる限りの勉強をして、これまでも仕事に向き合ってきていますが、1冊のディスクロジャー誌を全て理解するのは難しいでしょう。

　そこで重要なことは、まず、分からないなりに自分たちで考えてみることです。

　公金管理運用の仕事を会計管理者1人で行っている小規模の自治体もあるでしょう。しかし、周りには会計課の職員が数名はいるものです。

　ディスクロジャー誌の情報が前項のシートのように整理できたなら、複数の職員で考えてみることです。何か問題の指標があったとしたら、記述部分を見てみるのです。そうすると解答が得られることもあるでしょう。

では、それでも分からないときはどうすればよいのでしょうか。

　分からないことは、分かる人に聞くしか解決策はありません。したがって、当該金融機関に説明を求めることになります。

　このときに気を付けるべきは、「分かるまで聞くこと」「分かったフリはしないこと」です。この姿勢がとても大切だと思います。

　分からない人が分かるまで、親切に分かりやすく説明することは、説明者の誠意が一番出るところでもあります。こんなところでもその金融機関の誠実さなどを知ることができますので、そうした姿勢をチェックする意味でも説明を受けると良いと思います。

具体的なペイオフ対策②
～安全な金融機関への預金の移動

　2000年、私が東京都東久留米市の会計課長時代に、全国の自治体関係者はパニックと言ってもよい状況になりました。5年間の期限付きで行われた預金の全額保護政策の打ち切り、いわゆるペイオフ解禁です。

　このとき、私と上司である収入役と担当係長は「地方分権で行政は自己責任になった。公金の安全は自分たちの責任で保つ以外にない」という共通認識をもっていました。そこで採用した手段が、資金管理運用のマニュアル化です。これは「東久留米市資金管理運用基準」という名称を付けて活用し始めました。

　ちょうど、時を同じくして全国の出納会計部門に対して運用基準の作成を誘導しようとしていた自治省（当時）から、基準作成の有無に関するアンケートがあり、担当係長が「作成済み」と回答をしたところ、この基準が全国初とわかり注目されることになりました。

　さて、東京都東久留米市は、西武池袋線で池袋から25分程の住宅都市です。行政面積は狭いながらも人口は10万人を超えていることから、市内の金融機関は都市銀行が2行、地方銀行・第二地方銀行が各1行、その他4つの信用金庫と農協・郵便局があり、そういった条件を前提に基準を作りました。

　こうした条件下で、預金している金融機関に経営破綻の兆候があり、ペイオフの可能性が出てきたときにどうすればよいのでしょ

か。

　ここで「預金をそのまま置いておく」という選択肢はありません。なぜなら、金融機関の選択肢が多数あるからです。つまり、東久留米市の選択肢は、危険な金融機関から安全な金融機関に預金を移動させるという一択だったのです。

　ところが、預金の移動という手段は、市の運用基準が全国的に知られるようになるとテレビや新聞で金融の専門家を標榜する方たちから批判を浴びました。「銀行経営は地域経済の要であり、自治体の預金の移動は、経営破綻の引き金を引く行為だ」といった批判で、俗に言うトリガー理論です。

　しかし、そうした批判に、私たちが動じることはありませんでした。なぜなら、そのようなことは百も承知していたからです。そして、私たちが作成した基準は、市が持つ地域性を前提とした最善策としての基準であり、全国共通の基準ではないからです。

　では、もし預金の全額保護の政策がない状態で北海道拓殖銀行が破綻したら道内の自治体はどうしていたのでしょうか。公的資金の資本注入という手段を足利銀行が受けられなかったなら栃木県内の自治体はどうしていたのでしょうか。

　私が会計課長だったら、地域経済や住民の生活を守るために預金を継続すべきという意見を上司に進言していたと思います。

　自治体が保有する公金の専門家は、その自治体の職員以外にいません。地域性を最もよく知る職員が、日常業務を前提に地域社会を考えたとき、資金移動が最悪の選択肢ということもあるでしょう。そのときは、預金の継続を堂々と発表すれば良いのです。

具体的なペイオフ対策③
～相殺契約

　ペイオフ解禁を控えて混乱していた2000年ごろ、全国の自治体は具体的な対応策を講じることを求められました。

　その対応策が前述した安全な金融機関への預金の移動ですが、もう一つ有力な手法として浮上したのが自治体の預金と借入金を相殺するという考え方です。

　これは当時、自治省が全国の自治体に発信した「ペイオフ対応方策研究会報告書」によって周知された手法でした。この手法は、同研究会の議論に参加した弁護士が「預金債権と借入金の債務は、契約上で相殺が可能」という見解を述べたことが報告書にそのまま掲載されたものです。仕組みは図－7のとおりです。

　図－7のとおり、自治体の預金と借入金は契約上、債権債務が相殺されることになりますので、万一、預金先の金融機関が経営破綻をしても、預金（A）は同額の借入金（B）と相殺されることで債権者としての負担は免れることができます。

　こうしたことから、前述した「ペイオフ対応方策研究会報告書」の発信以降、金融機関と相殺契約を締結することにより安心感を得ることができました。

　さて、多くの自治体が相殺契約の締結をする中、資金管理運用基準を作成済みであった東久留米市では、特に相殺契約の締結を金融機関に求めることはしませんでした。それは以下の理由によります。

図 − 7　自治体の相殺契約による効果

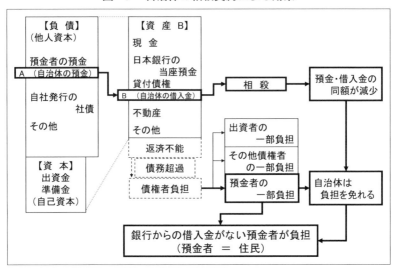

○　金融機関の経営破綻は、突発的に起こることではないこと。

○　資金管理運用基準に基づく指標の管理等、基準沿った実務を行うことで取引金融機関の危険なシグナルは捉えられること。

○　基準には、預金の移動による保全措置が明記されており、基準に従えばペイオフに巻き込まれることはないこと。

　そして何より、図−7の下部に示したとおり、自治体が相殺契約により預金の保全をした結果、債権者負担の中の預金者負担が、当該金融機関からの借入金のない預金者である住民に重くのしかかってしまうことが、果たして住民を守るべき責務を負う自治体としてどうなのかという疑問に行き当たったことが相殺契約に頼らないという判断の決定打になりました。

　仮にペイオフ発動の場面になったとして、議会や市民の前で「市の預金は、相殺契約により安全に保全されました。その結果、市民の一部がペイオフの影響をより大きく受けたとしても、それは預金

先の情報を得て預金先を選択するという自己責任ですから市が関知するところではありません」という説明はできないという判断です。

さらに言えば、ペイオフリスクは預金欠損リスクだけではないということもありました。

ペイオフ発動によるペイオフ率は、概ね10％程度と言われています。そして、このペイオフ率を算出するには一定程度の時間が必要になり、概ね１年程度と言われています。この間は、預金が凍結されます。

自治体にとっては歳入歳出現金が凍結されてしまう方が大きな問題です。前述の預金保険制度では1000万円の預金は保護されますし、預金凍結に際しても800万円を上限とする仮払いはされます。しかし、自治体の支払いに必要な資金量からすれば、どちらも焼け石に水の範囲でしかありません。

つまり、「絶対にペイオフには、巻き込まれてはいけない」、これが当時の私たちの判断でした。

第9章

債権運用の
ポイント

直接金融と間接金融

　金融の仕組みは、直接金融と間接金融に分類されます。これは図-8のとおり投資のリスクを誰が負っているかの違いです。

　直接金融は、投資家が投資先を自ら選び、利益を得る行為に伴うリスクを負っているもので、株式や債券の購入などになります。

　間接金融とは、出資者がリスクを直接取らないものを言います。例えば銀行預金です。銀行預金は、預金者が銀行などに預金をし、銀行が貸付先や投資先を選定して利益を上げ、その一部を預金利息

図-8　間接金融と直接金融

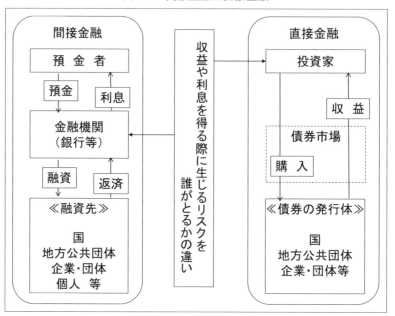

として預金者に還元します。この場合、貸付先が倒産して貸付金が返済されなかったり、投資先の業績が不調で株式の配当がなかったりしても、金融機関の経営が維持されている限り預金者の利息に影響はありません。

　このような違いから、一般的には債券の利回りは、預金の利率よりも高くなります。

　ここで公金運用を債券運用と預金運用を見ると、債券利回りと預金利息の差がリスク負担の差に見合うのかどうかという比較検討をする必要が出てきます。特に現在（執筆時）のような超低金利の時代には、考える必要があるでしょう。

　また、債券運用に比べて預金運用は事務負担が少なく済むという利点があります。さらに言えば、流動性リスクも考えなければなりません。

　債券運用のリスクについては、本書34項で述べます。

32

インカムゲインとキャピタルゲイン

　インカムゲインとは、預金利息や債券の利回りのように、運用開始時の約定に伴って得られる収益のことです。

　キャピタルゲインは、債券等の売却時に得られる取得価格と売却価格の差額、すなわち売却益のことです。

　さて、自治体の債券運用は、満期保有を前提にして行われることが多いようです。これは額面1万円の債券が満期時に1万円で償還される元本保証の仕組みから、妥当な考え方に基づく手法だと言えます。

　しかし、どのような場合でも正解であるということではありません。

○中途売却での損失と利益

　債券は債券市場で取引されています。保有する債券を満期前に現金化しようとする場合は、債券市場で売却することになりますが、この時点の売却価格は債券発行時の額面にはなりません。なぜなら、売却時点での金利水準が反映されるからです。

　例えば、売却予定債券の残存期間と類似した新規発行債券の利回りが売却予定債券の利回りを上回っていた場合、わざわざ低い利回りの債券を購入する人はいません。このような場合は、利回りの差を売却価格で調整しなければなりません。

　つまり、発行時点の額面よりも低い価格で売却をするということです。公金を債券で運用しようとする場合は、一部とはいえ公金が

失われることになりますので住民には説明できません。

　一方、金利水準が下がっていた場合はこの逆になり、売却益が得られることになります。保有債券の満期までの残存期間と前述の金利の差によっては、満期までの利息収入より売却益の方が大きいこともありえます。

　このようなことから、国債などの債券運用をする場合は、常に金利の動向に注意を払っておくことが不可欠になります。

　「債券運用は、満期保有で行う」という手法は、間違いではありません。しかし、その事務が意味も分からずに担当者間で引き継がれて慣例化してしまうと、得られたであろう利益を失ったと捉える考え方があるということに、運用担当者は留意する必要があります。

33

債券の種類と運用対象となる債券

　地方財政法では、下記のとおり、積立金の運用手段として預金をはじめ債券による運用を規定しています。

地方財政法

（地方公共団体における年度間の財源の調整）

第4条の3　〔略〕

2　〔略〕

3　積立金は、銀行その他の金融機関への預金、国債証券、地方債証券、政府保証債券（その元本の償還及び利息の支払について政府が保証する債券をいう。）その他の証券の買入れ等の確実な方法により運用しなければならない。

（財産の管理及び運用）

第8条　地方公共団体の財産は、常に良好の状態においてこれを管理し、その所有の目的に応じて最も効率的に、これを運用しなければならない。

　まずはじめに重要視される点は、確実性ということになります。確実性とは、金融商品の確実性ということですから、株式投資のように取得価格が変動する投資は禁止されていると考えるべきでしょう。また、海外で発行される証券も為替変動の影響を受けますので、不適当と考えるべきです。

　ちなみに、本書35項で説明するポートフォリオ（分散投資）とい

う考え方に立つと、リスクのある金融商品も一定割合で保有するという考えも成り立ちます。

　しかし、このような運用形態を採用するには、金融関係のアナリストなどの専門家を複数加えた検討組織を持ち、運用結果報告に伴う理論武装をしておく必要があるでしょう。ただ、このような体制を整えることは一般的な自治体には困難と考えられます。

　こうした理由を踏まえると、公金の場合は必然的に国内で発行される債券に限られた運用になります。

　次に債券の種類となりますが、地方財政法第4条の3では、国債証券、地方債証券、政府保証債券を例示しているものの、次にその他の証券としており、債券を特定しているわけではありません。一部には、政府保証債券までと決めている自治体や、そう思い込んでいる証券会社もあるように聞きますが、法が求めているのは「確実な方法を自己責任で選択すること」です。

　また、国等が発行する公債は良いが、民間企業が発行する社債は不適当と考える自治体があります。しかし、民間企業である銀行の社債の購入が不適当で、預金なら良いという理由は成り立ちません。

　社債も預金も、同じ企業の元本保証がされている金融商品なのです。国内には、日本国債よりも高い格付け評価を受けている民間企業もあることを認識しておきましょう。

　金融商品の安全性は、自ら判断するのです。

34

債券運用に欠かせない
流動性リスク

　運用にはリスクが伴います。債券運用のリスクとしては、大きく分けて信用リスクと流動性リスクの2つを考えておく必要があります。

（1）信用リスク

　信用リスクとは、債券を発行する団体の倒産等に伴う債務不履行のリスクです。

　一般的に日本の国債証券が最も安全な債券と言われる理由は、ほとんどの人たちが「国が倒産して消失することはないだろう」と考えているという証明でもあります。

　この信用度はいろいろな観点から説明できると思いますが、例えば、世界中の投資家が一時的な資金の預け先として自治体での一時借入金にあたる日本の国庫短期証券を買っていることも、日本の安全性が高く評価されていることの証明になるでしょう。

（2）金利背策に伴う金利変動リスク

　次に、一般的に国債と称される普通国債のリスクについてですが、これは2つのリスクを認識しておく必要があるでしょう。

　金利は、通常であれば景気の動向に連動します。

　好景気であれば、企業も個人も好調な収益や収入の範囲を超え、

他人のお金を借りてまで投資や消費を行おうとします。これが融資を受けるということです。「融資を受ける＝他人のお金を使うときの賃借料が金利」であり、希望する人が多ければ賃借料である金利は上昇します。

　逆に不景気になると他人のお金を使ってまで投資や消費を考える人は少なくなり、賃借料である金利は低下します。

　こうした原理を使えば、賃借料の基準になるお金を意図的に増加させたり減少させたりすることで料金を操作することができます。お金の総量を通貨供給量（マネーサプライ）と言い、供給量を意図的に操作するのが金融政策です。

　さて、図－9は、経済成長を見て取れる国内総生産と長期金利の関係を表したものです。

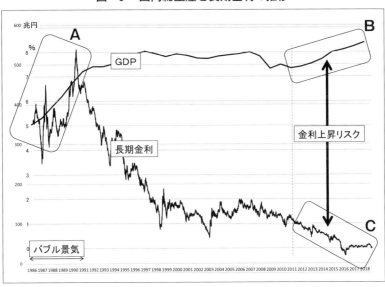

図－9　国内総生産と長期金利の推移

　Aを見ると、経済成長と共に長期金利が上昇していることが分かります。好景気の下、多くの企業が事業拡大に向けて投資を活発に

し、個人は資産形成などで資金を必要としました。

　次にＢとＣを見ると、経済は拡大しているにもかかわらず長期金利は低下する方向に動いています。この逆方向の動きは、「日本銀行による劇的緩和」と言われた金融政策の結果です。この金融政策による超低金利政策は、経済成長が安定してくれば、早晩解除されて金利は上昇方向に反転します。つまり、この逆方向の動き（開き）が、金利変動リスクと言えるでしょう。

　図－９から、公金の債券運用では、次のことが言えると思います。

○　金利の上昇は、債券価格の下落となる。したがって国内総生産が下げ止まりをした2011年以降に取得した債券は、その後の金利抑制政策による影響から金利上昇リスクを常に抱えている。今後、換金の必要性が高まり、債券の満期前の売却が求められる事態になれば、元本割れ、即ち基金の目減りを覚悟しなければならない。
○　金融政策の転換は必ず報道されるので、報道には注意しておく必要がある。
○　金利水準は過去最低にあり、金融政策の転換の時期が不明であるので、超低金利の現状では、長期や超長期と言われる国債の運用は、適切な方法とは言えない。

（3）自治体の資金需要から発生する流動性リスク

　自治体には、（長期）総合計画をはじめとして、いろいろな将来計画があります。本来であれば計画の実行に伴う基金積立の使用までの間は、預金よりも高利回りが期待できる債券によって運用することが合理的です。

　しかし、超低金利で金融政策の転換が視野に入っているときには、債券の購入直後に金利が上昇することも考えられます。この場合、購入した債券が長期であればあるほど、運用益の獲得に大きな差が

生まれてしまいます。

　そのため、金融政策が低利から高利に転換することが考えられる時期には、解約が容易な預金運用で静観し、政策転換を待って債券運用を始めることが合理的です。

　なお、前述（21　運用資金の把握）のとおり、直近の支払いのために行われる収支予定の把握の精度が低く、支払資金の不足を引き起こす可能性の大きい自治体では、現金化に制約のある債券での運用はなじまないことが多いです。

（4）多額の発行残高に伴うリスク

　日本国債の内、普通国債の発行残高は、下図のとおり約1000兆円になっています。

図-10　国債残高と特例国債（単位：億円）

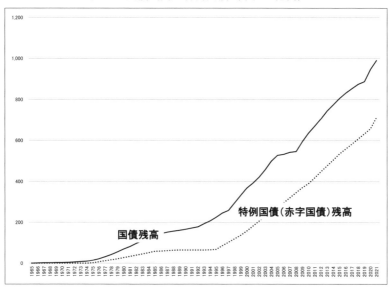

　この残高に対する評価は、大きく意見が分かれています。従来から「借金はいずれ返済しなければならず、将来にツケを回している

に過ぎない」との考え方から、「借金に頼らない財政運営が重要。財政規律は守らなければならない」として、特に特例国債（赤字国債）の発行に対して慎重な意見が財務省を中心に発信されます。

しかし、こうした財政規律を重視する考え方と正反対の「国は長期にわたる経済の停滞に苦しんでいる。穏やかな物価上昇に転じるまでは、大幅な金融緩和によって景気を支える必要がある」という意見もあります。この考え方をリフレーションといい、この考え方を持つ人たちをリフレ派と呼びます。この考え方に立っているのが現時点での政府であり、物価上昇目標２％を掲げる日本銀行もこれに連動しています。

さらに「自国の通貨で国債を発行できている国は、発行残高が多額になっても問題はない」とする意見があります。この考え方は、Ｍ・Ｍ・Ｔ（モダン・マネタリー・セオリー）と言われますが、従来から必要な財源を国債で賄う考え方であり、リフレ派の考え方の延長線上にある考え方とも捉えることができます。

このように、経済金融政策は専門家の間でも180度違う考え方が存在していることから、債券運用をしようとする場合は、自分の考え方を持っている必要があります。

そこで、まずは日本国債の特徴を知るために、なぜリフレ派やMMTを唱える人たちが「（当面の）国債発行は問題ない」と言っているのか、その根拠は知っておいても良いでしょう。

次の表は2021年12月末時点での日本国債の保有割合ですが、自治体の一時借入金に相当する短期政府証券では海外が61.4％と突出しています。さらに国内の銀行も28.1％の保有となっており、コロナ禍で翻弄されて先行きが見通せない中、先々の様子見も含めて国内外の機関投資家が90.8％を保有しています。これは日本そのものの信用力の表れだとも考えられます。

次に普通国債の保有状況ですが、この時点では48.1％が日本銀行

	国債	短政府期証券	合計
日本銀行	48.1	9.1	43.4
銀行等	14.4	28.1	16.0
生損保等	20.3	1.3	18.1
年金関係	7.1	0.0	6.3
家計	1.2	—	1.0
海外	7.9	61.4	14.3
その他	0.8	—	0.7

の保有となっています。

　日本銀行は、政府と一体となって政策目標を達成するために活動します。もちろん財政的にも強い関係があります。

　例えば、日本銀行に利益が出た場合は、国庫納付金として政府に納入されます。つまり、日本銀行が保有する国債に対して国から支払われた利息の大半は、図－11のとおり日本銀行の利益になり、国庫納付金として国に戻ることになります。

図 –11　国債利払いの仕組み

　また、償還期限を迎えた国債は、政府が借り換えのための新規国債を財源として償還することができます。このような方法では一向に残高は減らずに増える一方になってしまいますが、新規国債が発

行し続けられる限り、償還が滞ることはありません。

図 -12　借換債の仕組み

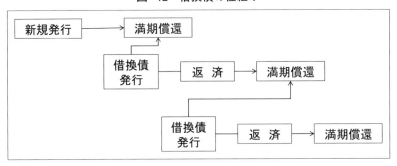

　有識者の一部には「残高が過剰になると日本国債の信用力が落ち、保有している人が売却し始め、一方で買う人がいなくなれば高い金利を付けざるを得なくなる」と言う人たちがいます。私がある証券会社主催のセミナーの講演でこの話を聞いたのは、20年以上も前のことです。その後、日本の国債発行残高は約2.5倍になっていますが、急激な金利の上昇（ハイパーインフレ）になるということはありませんでした。むしろその逆で、超低金利に苦しめられてきた20年というのが実態です。

　日本国債が保有されている投資家から売られてしまうリスクが低いのは、海外投資家の保有率が7.9％と欧米諸国に比べて極端に低いことも理由の一つだと考えられます。

　なお、国債の大半を金融機関が購入し、さらに金融機関が保有する国債を日本銀行が購入していることに対して、「過剰な国債の保有は金融機関や日本銀行の経営に悪影響が出る」と主張する専門家もいます。しかし、その主張は私には理解できません。

　図－13の①②は金融機関の国債購入と支払いを、③④は金融機関が保有する国債を日本銀行が購入するお金の流れを示しています。この場合の資金は、日本銀行にある金融機関の当座預金で決済され

ます。ここで注目すべき点は、金融機関の財務上の変化です。

図 -13　日本銀行と金融機関の国債売買決済の仕組み

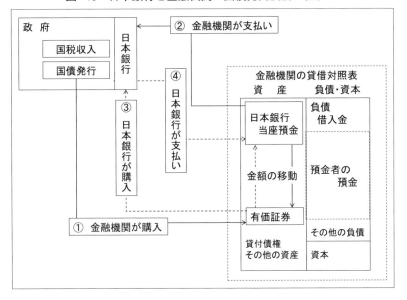

　金融機関が国債を購入する場合は、有価証券が増加して同額の日本銀行当座預金の残高が減少します。日本銀行が金融機関の保有する国債を購入する場合は、有価証券が減少して日本銀行当座預金の残高が増加します。

　つまり、資産の内容が変化するだけで、負債、資本も含めた財務状況全体が変化するわけではないということです。これを個人の家計に例えると、預金残高と財布の中にある現金の関係のようなもので、総額が変化しているわけではないことが重要なのです。

　以上のとおり、日本国債の評価は正反対の理論が並立しています。そこで公金の運用という観点で整理をすると、以下のことが言えるのではないかと私は考えます。皆さんもぜひ検討されてみてください。

○　日本国債の信用力は、現在のところ発行残高が高止まりしているという課題はありつつも、特に大きな危機が迫っているということはない。

○　政府と日本銀行が共有する目標は物価上昇目標２％であり、いまだに達成されていない。しかし、達成が近くなれば必ず金融政策は転換される。

○　以上のことから、国債による公金の運用を行うには、金融政策が継続されるのかどうか、物価目標が達成されるのかを注視しておかなければならない。

○　専門家の主張にはどちらの考え方もあるので、政策に影響を及ぼす政府や日本銀行の人事に着目をし、どちらの考え方が採用されるかを予測しておくと良い。この予測が外れたとしても、運用の実務は現実、対応をすることには変わりないので、自分自身もしくは担当職員の研修のつもりで行うのが妥当。

公金運用におけるポートフォリオ

　投資や資産運用では、複数の性質の異なる金融商品に資産を分散しておくことが常識と言われています。これをポートフォリオ（分散投資）と言います。公金運用もこの考え方は同じです。

　一般的には、同じ期間であれば預金金利よりも債券の利回りの方が高くなります。一方、現金化が必要になった場合、預金は債券よりも換金が容易であるという流動性の点において優れています。

　こうしたことを踏まえると、自治体の公金運用は、自らの財政状況等を考えて適切な金融商品に資金を分散することが当然ですので、それぞれが自らの判断で適切な金融商品を選択しているものと考えます。

　しかし、ここで1つ心配があります。

　人事については本書44項で別途述べますが、同じ職員の在職年数は概ね3～5年程度が一般的になることから、公務員の仕事は良くも悪くも前例を踏襲するやり方が基本で、公金の運用という仕事でも前例踏襲型の事務処理に陥ることが多くなります。

　大口定期預金が満期を迎えると「何も検討することなく大口定期預金に預け直す」、国債が満期を迎えると「同じ期間の国債を再度購入する」のでは、最初の担当者がリスクと運用益を分散して効率的な運用をするという考え方に立って最適なポートフォリオを組んだとしても、自治体の財政状況、計画、金融経済環境が変われば最悪なポートフォリオになってしまうこともあります。

　運用の条件は常に変わっていることを前提にすれば、担当者は次

の点を意識すべきだと思います。

○　環境、条件等が変化している中での最適は、常に変動している。

○　財政状況や行政課題といった、自らの環境の変化を認識してお
　く。

○　少しずつでも良いので、可能な限り、金融商品の知識を蓄える。

長期国債運用の疑問

　2012年頃から長期金利と言われる日本国債の利回りは年利1％を下回り、2019年にはマイナス金利になるという事態を迎えました。

　このような中で、私は特徴的な話を聞きました。それは「国債での運用をしているのですが、10年では金利が付かないので、20年の国債で運用することにしました」というものです。また、20年国債の購入を薦めた証券会社の営業マンは、「○○市様では、20年国債で運用をしてきた結果、平均利回りで○％の収益を得られました」と説明したそうです。その証券会社の説明は、間違いではありません。確かに国債利回りの推移をみれば、長期であれば利率が高いことは図−14のとおり当然なのです。

　さて、ここで私が疑問に思うことは、まず、証券会社の説明です。確かにその説明に嘘はありません。しかし、その実績は過去20年の結果であり、これからの20年の収益を言っているわけではありません。つまり、証券会社は「長期になるほど、金利は高くなります」という当たり前の説明をしているに過ぎません。

　長期にわたる低金利が続く金融環境の中、私は、そもそもポートフォリオによる資金の分散保有を頑なに守れる運用資金でなければ、長期運用はすべきではないという考え方を持っています。ただし、これは自治体関係者の中でも異論があって当然の考え方です。

　そこで、仮に私と同じ考え方の議員や住民から質問を受けた場合、どのように解答や説明をするのかを考えていただくために、以下に4つの理由を記します。

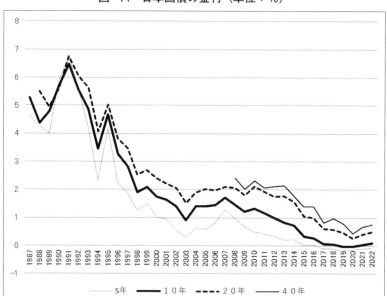

図-14 日本国債の金利（単位：%）

凡例: 5年　10年　20年　40年

① 金利は経済の動きに連動して常に変化する

　政府と日本銀行はより良い方向に向けて政策を行っているので、その成果が出れば必ず経済は好転し、金利は上昇する。

② 議会や住民の多くは、常に「現時点」を基準に発言する

　将来、金利水準が現時点よりも上昇していれば、「なぜ、このような低金利で運用しているのか」と非難されかねない。

　低金利の時代に入った1990年代、全国の自治体の財政担当者は、その時点で返済の残っている高金利の地方債を「放置している」と非難され、低利への借り換えに取り組んだことを忘れてはいけない。

③　運用の中心になる基金は、それぞれ中長期的な目的を持っている

　しかし、行政改革が必要になり、行政サービスの縮小や廃止が避けられない状況を抱えると、基金を行政サービスの財源と捉える議員や住民が出てくる。そうした人たちの代表が首長や議会の多数派になると、基金を廃止して財源として活用することになるが、このとき、基金を長期の国債で運用し、かつ、国債の取得時よりも金利水準が上昇していれば債券価格は下落していることになるので、売却は困難になる。

　選挙で選ばれた首長や議会の意思を、運用している金融商品の特性を理由に変更させることはできるのか。私なら、できない。

④　言い換えれば災害等への備えである

　災害はないに越したことはない。しかし、災害の起きる確率がゼロではない以上、万一に備えて住民を守るのが自治体の役割である。

　起きてしまった災害の復興として、国が激甚災害の指定をすることによって大きな財政支援をするということはある。しかし、その日、地域で困っている人の安全を確保しつつ不安を解消する手立てを一刻も早く行うには、現金をできるだけ早く用意することが求められると考えていた方が良い。

　このように考えると、今後、かなりの確率で災害が予測されている地域では、特に運用における流動性に注意を払うことは重要であると考えられます。また、「万一のとき、長期国債を投げ売りしなければならない事態は避けたい」と、私なら考えます。

営業マンへの対応と
金融商品取引法における禁止事項

　2000年以降数年にわたって会計課長だった私のところへは、当時、証券会社が次々と面会を求めてきました。彼らの目的は、国債の販売を目的とした説明です。この時期は、自治体の公金管理運用の主体であった銀行預金のペイオフ対策として債券運用が注目されており、各証券会社がしのぎを削る営業合戦をしていました。彼らにしてみれば当然、他社よりも早く、一度でも多く面会をしたいという事情を抱えており、私の都合を確認することなく、いきなり会計課の窓口に来て面会を求めることも珍しくありませんでした。

　さて、近年の低金利の状況下で、証券会社の動きも活発になってきたとの話を耳にすることもあります。対応をされている会計管理者や課長の方々は、私が聞くところでは随分丁寧な対応をされているようです。しかし、一方で「忙しいときに来られて迷惑している」という愚痴も聞きます。そうした話を直接言ってこられた方には、「忙しければ、断れば良いのでは」とお伝えし、併せて次の説明を加えています。

　そもそも証券会社の社員は、自身が次のルールに縛られていることを承知した上で来庁します。

> **金融商品取引法**
>
> （禁止行為）
>
> **第38条** 金融商品取引業者等又はその役員若しくは使用人は、次に掲げる行為をしてはならない。〔後略〕
>
> 一 〔略〕
>
> 二 顧客に対し、不確実な事項について断定的判断を提供し、又は確実であると誤解させるおそれのあることを告げて金融商品取引契約の締結の勧誘をする行為
>
> 三 〔略〕
>
> 四 金融商品取引契約〔中略〕の締結の勧誘の要請をしていない顧客に対し、訪問し又は電話をかけて、金融商品取引契約の締結の勧誘をする行為
>
> 五～九 〔略〕

特に第4号の規定は、営業を仕事とする彼らにとっては厳しい規定に違いありません。だからこそ、突然の訪問で面会を断られたからと言って、断った人に悪感情を持つことなどありえないのです。

「忙しいから相手ができない」と常識的に伝えている限り、何か問題が起こることなどありません。ただし、私の場合、時間があれば話を聞かせてもらうということは積極的に行っていました。なぜなら、彼らの持つ情報が欲しいということ、また、証券取引に疎い私としては、教えていただきたいことも数多くあったからです。

知らない世界の人は、貴重な情報源です。これは彼らに失礼な言い方になりますが、必要なときに面会して、必要な情報をいただける方として接していけば良いのではないかと私は考えていました。

経済指標の特徴

　金利は、経済状況を反映して決まるものです。そこで金利の動きを把握するだけではなく、経済の情報に目を向けることも、今後の公金の管理運用に必要なことだと考えます。

　経済に関係する指標は、数多くあります。したがって、全てを理解しようとするのは、一般事務職の仕事としては荷が重いです。そこでお勧めしているのが、指標を眺めて少しずつでも慣れることです。

　ここでは景気動向指数に関係する、先行系列、一致系列、遅行系列にある指数について述べます。

　先行系列に属する指標としては、東証株価指数、新設住宅着工床面積、新規求人数（新卒除く）、実質機械受注などがあります。これらは「これから、こうなるのではないか」という予測の根拠になり得る情報です。

　一致系列に属する指標としては、耐久消費財出荷指数、所定外労働時間数、商業販売額、全産業営業利益、有効求人倍率があります。これらは「今、忙しいよね。売れているよね」といった現状を表している情報です。

　遅行系列に属する指数としては、家計消費支出、消費者物価指数（生鮮食品を除く）、完全失業率、法人税収入などがあります。これらは「やっぱり○○だった」という結果を表す指標です。新聞の活字やテレビでこうした言葉を目にしたときには、少し興味を持って触れてみましょう。

基金運用管理台帳の整備と
運用結果の説明

　公金の管理運用という仕事で最も重要なことは、説明ができる仕事であるということです。

　その意味で、運用に係る金融商品の選択などの判断に関わることでは、管理運用基準に基づいて行うことが有効であることは前述（16　住民への説明を意識する）のとおりです。

　そして、金融商品の選択等についての説明と同じくらい重要なことに、運用結果の説明があります。これは運用益を得ることも目標としている以上、いつでも、分かりやすく説明できるようにしておく必要があります。

　特に運用の中心になる基金では、国債などの債券運用を行った場合、運用益がインカムゲインのみならず、キャピタルゲインの可能性も含まれてくることがあるので、基金管理台帳を整備して管理をしておくことが合理的だと考えます。

　次の表は、私が考えた台帳の形式ですが、自治体ごとの事情も踏まえてより使いやすい形にアレンジをすると良いのではないかと思います。

【参考】			基金運用管理台帳			運用開始日		年　月　日	
基金名			金融商品名		運用元金(A)	運用経費等		資金合計(D)A+B+C	表面利率
		預金債券				手数料(B)	経過利息(C)		
受取利息	1	2	3	4	5	6	7	8	9	10
	11	12	13	14	15	16	17	18	19	20
金融商品選択の理由				運用終了時	受取利息計(E)	売却益(F)	合計(G)E+F	最終利回り(G÷D)	
※(B)、(C)、(F)は、債券運用の際に記入される。						運用終了日		年　月　日	

124

第10章

自治体と
公金取扱業務の
諸問題

40

自治体と指定金融機関の関係変化①
〜制度の成り立ちから変化のきざし

（1）制度の成り立ちと金融機関の貢献

　指定金融機関制度は、それまで公金取り扱い制度としてあった金庫制度が1963年（昭和38年）の地方自治法施行令の改正により現在の姿になってきたものです。

　日本の現代社会の中で自分以外の他者と関係する活動をしようとすれば、官民問わずお金の動きから離れて存在することはできません。これは自治体でも同じで、税等の収入事務、契約に基づく債務者としての支払いのほか、国との関係でも補助金等国庫支出金の受領、政府資金の地方債に伴う償還などの現金の移転は、金融機関が介在してこそ成り立ちます。

　そもそも、自治体が取り扱うすべての現金を金庫で保管するなど物理的にできるはずもありませんし、仮にできたとしても安全な保管という観点からするべきではありません。

　以上のとおり、指定金融機関制度が自治体運営に貢献してきたことは事実として認めなければなりません。

　また、自治体と指定金融機関等の関係について、過去には「指定して公金を取り扱わせてあげている」と考える自治体関係者が数多く存在していました。指定金融機関制度の仕組みは、自治体が指定をすることから始まりますが、一方では業務依頼と業務受託の関係を整理する契約の側面があります。この観点では、「指定してあげ

ている」という官尊民卑的な思考が許されるわけもなく、双方の努力によって対等な関係が維持継続される必要があることは言うまでもありません。

（2）倦怠期のはじまり

「日本の経済は右肩上がりだった」とは、良く言われますが、実際にどの程度だったのかを確認してみましょう。

図 -15　国内総生産の推移（単位：兆円）と金融機関の収益

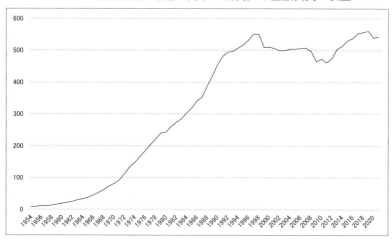

国内総生産（名目 GDP）は、経済成長を表す指標です。（統計に表せてはいませんが）終戦となった1945年から1997年までの約半世紀以上、経済が奇跡的に成長し続けたことが分かります。

こうした経済成長は、当時の人たちの官民一体となっての努力や様々な要因が絡み合って実現したことは言うまでもありませんが、国の経済政策が合理的であったことが基本になっていたことは事実でしょう。

国が司令塔になり、直接的、あるいは間接的に官民への誘導を強めてきたことが、結果として国や国民を豊かにしたのです。

この直接的、間接的な働きの一つに指定金融機関制度が貢献したという事実も、今後の金融機関等の関係を考えるうえで見逃してはなりません。図－16は、自治体を中心にしたお金の流れを示したものです。

図－16　経済成長に寄与した指定金融機関制度

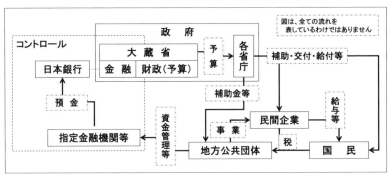

　戦後復興を第一の目標とした政府は、司令塔として様々な復興計画を実施しました。国の直接事業、官民を対象とした補助事業等に加え、自治体も直接事業のみならず外郭団体や民間事業者に対する補助事業等で復興に当たりました。これらの活動の全ては、現金になって国民の手にわたります。

　その後、企業の利益や個人の所得等に対して課税をすることで、現金の一部は国や自治体に戻されます。このときに自治体の集金装置として機能し続けたのが指定金融機関制度です。

　しかし、半世紀以上続いた経済成長も21世紀を前に止まり、経済は縮小していきます。皆が増えるお金をどんどん使う時代から、一斉に節約をする時代へと急激に変化したのです。節約をしながらより必要なものを厳選して、限りあるお金を合理的に使おうというこうした取組みは官民ともに起こりました。この「官」での取組みは行財政改革と言われ、「民」の取組みは経営改革と言われました。

ここで制度成立以来、特に問題が認識されなかった自治体と金融機関等の関係変化を生じる芽が出てきたのです。

　「今までどおりというわけにはいかない」ということに先に気が付いたのは、経営が経済情勢に大きく左右される金融機関でした。一方で自治体は、足元の行財政改革に取り組むことに奔走し、金融機関の変化に気が付く自治体はほとんどありませんでした。

　ここから、自治体と金融機関の倦怠期がはじまります。

自治体と指定金融機関の関係変化②
～金融事情を取り巻く状況の変化

（1）金融機関が抱えた事情

　金融機関の経営に決定的な影響を与えたのは、国内総生産の減少（経済の縮小：景気の後退：不景気）→融資先の経営悪化→倒産による不良債権の増加→金融機関の経営悪化という連鎖です。

　そして、追い打ちをかけるように銀行経営に降りかかってきたのが経済を回復する有力な手段として取り組まれた金融ビックバンと言われる金融の抜本的な制度改革です。

　経済成長期は、国が金融機関を保護していた時代でした。この政策は、護送船団方式と揶揄されつつも、1996年に当時の橋本龍太郎首相による「金融ビッグバン」の宣言から始まり制度改革が着手されるまで続きました。

　金融ビックバン宣言の翌年となる1997年、北海道内にある自治体の多くが指定金融機関に指定していた北海道拓殖銀行が経営破綻をして消滅します。これは「指定金融機関が倒産してなくなる」という、当時の自治体関係者には衝撃的な出来事であるはずでした。

　しかし、その2年前である1995年、巷間で言われるバブル景気による地価高騰を抑える目的で行われた大蔵省の金融規制（総量規制）が不動産を担保とする融資を直撃し、不良債権の急激な増加による経営破綻をする銀行等が続発した状況を踏まえて、国民の金融不安を解消するための「預金の全額保護政策（5年間の時限立法）」

が施行されていたため、指定金融機関の消滅が自治体預金の欠損にはつながらず、結局、全額保護政策が解除される時点で想定される問題への自治体独自の対応（ペイオフ対策）の必要性すら認識していない関係者も多く存在していました。このような自治体では、並行して存在し続けた手数料問題まで意識が回らなかったのも無理はありません。

　さて、1998年には日本長期信用銀行、日本債券信用銀行と金融機関の経営破綻が続き、金融機関の経営は一段と不安定になっていきます。

（2）会計ビッグバンによる経営の透明化

　金融ビッグバンは、銀行系の金融機関のみならず保険、証券まで巻き込み、さらに会計ビッグバンとも称された企業会計方式にも手が付けられました。それまでの日本独自の企業会計方式は、山一證券の経営破綻などもあり、その不透明さが国際的な批判につながったことで企業の決算が正しいことを証明する役割を担う監査法人まで批判を受けることとなり、国際基準といわれるアメリカの国内で通用する方式に改められていくことになりました。ここでの大きなポイントは、投資家に対する財務情報の透明性を高めるということでした。

　この国際基準による財務状況の透明性の確保と一体で企業に課せられた課題は、投資家に対する説明責任です。

　株式会社である銀行も、その流れに逆らうことなどできません。結果として経営の透明化を進めるほど、収益率の低い事業部門は経営改善の対象になります。この頃から、指定金融機関を代表とする金融機関等では、自治体が事務コストの負担をほとんどしていないことを問題視しはじめることになります。

　事業部門別で収支均衡がとれていないという数字上の問題意識は、

やがて自治体に対する費用負担要請へ、そして要求という強い形に
変化していったのです。

2000年、ある経済情報誌ではこの問題に焦点を当てた特集を組ん
でいましたが、当時の自治体では、将来発生する問題として認識し
た収入役（2007年に会計管理者制度に移行）や事務担当者は少な
かったように思います。

一方で特に指定金融機関になることの多かった地方銀行では、
着々と問題の共有をしていました。

次の文書は、私が会計課長から財政課長に異動した直後に地方銀
行協会からいただいた講演依頼の文書です。

このテーマはペイオフ対策に伴う資金管理運用基準ということで
すが、当然のこととして指定金融機関との関係を前提に触れること
になりました。

平成14年 4 月17日

東久留米市企画部

　財政課長　大崎　映二　様

　　　　　　　　　　　全国地方銀行公務部長会幹事行

　　　　　　　　　　　株式会社　○○銀行

　　　　　　　　　　　公務・地域振興部長　○○　○○

　　全国地方銀行公務部長会の講演依頼について（お願い）

拝　啓

時下益々ご清栄のこととお慶び申し上げます。

平素は、格別なご高配を賜り厚く感謝申し上げます。

さて、弊行におきましては、平成14年度上期の公務部長会の幹
事行を担当しておりますが、会における講演テーマについては、
公務関係における重要かつタイムリーな事象を中心に選定して
おります。

そうしたなか平成14年4月からペイオフ解禁に伴い、貴市が作成された資金管理並びに運用基準につきましては、全国知事会主催のペイオフセミナーの事例発表以来、全国の自治体の公金管理・運用基準のあり方に大きな影響を与えています。

つきましては、ご多用中のところ誠に恐縮ではございますが、是非、貴市並びに地方自治体の今後の公金管理並びに運用基準のあり方についてご教示をお願い致したく、下記のとおりご講演をお願い申し上げます。

敬　具
〔以上原文のまま〕〔後略〕

研修会当日は、第四銀行、南都銀行、四国銀行を除く各道府県の地方銀行の公務部長が出席され、自治体との関係に高い関心が集まっていることがよく分かりました。

研修内容では、テーマの関連として、以下のような発言をさせていただいたことを今でも鮮明に記憶しています。

「ご出席の皆さんは、現状の自治体との取引について、ほとんどの作業が無償で行われていることについて、今後、『取引の正常化』という働きかけをしようと考えておられるのかもしれません。当然のコスト負担を考えない自治体の態度を、甘えだと考える方もおられるでしょう。確かに現状は限りなく自治体が有利な条件が成立しています。しかし、私が自治体の担当者で有利な条件にあるという現状認識をしているなら、少しでも長くこの条件が維持されるように、また、負担をするならできるだけ少額になるように対抗していきます。自治体の甘えということについては、確かにそのとおりかもしれません。しかし、指定金融機関になっていることにメリットがあった時代に、自治体を甘やかす判断をしたのは自治体ではありません。皆さん方の前任者の方々です」

指定金融機関等との摩擦と対応策①
～貢献と手数料負担

（1）出納事務への指定金融機関等の貢献と関係の変化

　これまで述べてきたとおり、指定金融機関等は公金の収納、日常的な金銭管理、支払事務など、様々な貢献をしてきたことは自治体は事実として認めなければなりません。こうした貢献を客観的かつ誠実に受け止めるところから二者の対等な関係は生まれます。

　自治体と指定金融機関等の関係は、長い期間にわたって継続してきました。この間、約半世紀続いた経済成長を背景にしてお互いが利益を享受できる環境にありました。

　しかし、金融環境が変わり、指定金融機関の経営は変わらざるを得なくなりました。自治体も2000年前後に吹き荒れた行政改革の嵐と地方分権に伴う自己責任による行政経営の実現、住民への情報公開と説明責任が強く求められる状況へと変わってきました。こうした双方の変化は、従来の関係をそのまま継続させてはくれませんでした。

　2000年、当時発行されていた経済誌が、こうした変化を記事にしたことがあります。私が読後に最も強く印象に残った個所は、「Y銀行の経営報告書の中で、公金部門が唯一赤字である」ということでした。

　確かにこの当時、自治体から指定金融機関等へはほとんど金銭が支払われていませんでした。したがって、公金取扱いにかかる人件

費や公金取扱業務にしか使用しない専用機器の設備費や減価償却費などを単純に加算すれば、公金部門が赤字になるのは当然です。

　一方、この当時、都市部の自治体では新たな収納手段として、コンビニエンスストアでの支払いを可能にしました。このこと自体、住民の利便性が向上することになるので、行政サービスが充実したことにはなります。

　しかし、このサービスには1件の取扱いに対して50円強の手数料が設定され支払わされることになりました。これは当時、自治体からの窓口収納に1円の手数料も支払われていない指定金融機関からすれば、「同じ作業をしていながらなぜ？」という疑問と不満を湧き出させたと言っても良いと思います。

　当時、会計課長として仕事に携わった私は、「早晩、金融機関からの手数料増額に向けた働きかけが強くなる」と思いました。

　それから20年。手数料問題は現実のものとなり、多くの自治体が苦慮していると聞きます。その苦しみは、この間、人事異動による会計担当者の入れ替えと、収入役から会計管理者への制度変更などの要因が合わさり、結果として課題認識が薄れていたことの結果でもあると思います。

（2）金融機関の手数料等の要求問題の表面化

　本書の執筆時、金融機関が自治体に対して手数料の要求や引き上げを求めるケースが目立っています。こうした金融機関の圧力に対して、自治体は十分な検討に基づく議論で対抗できているのでしょうか。

　前述のとおり、手数料問題はここ数年内に発生した問題ではありません。こうした課題に対処するには、組織としての対応策を整理しておかなければなりません。

　しかし、平均して3年から5年程度で人事異動による職員の交代

がある自治体では難しいという現状があります。この問題を乗り越えるためには、次の4点が整っている必要があります。

① 公金取引にかかる自治体の現状を把握する
② 公金取引にかかる金融機関の要求を整理する
③ 対応策を考える
④ 次の担当者に引き継ぐ仕組みを作る

　ここからは、それぞれのポイントについて考えたいと思います。

①　指定金融機関等業務にかかる契約内容を確認する

　指定金融機関等の業務には多くの種類があり、契約書を作成することで当事者間の疑義が生じないよう配慮されているのが一般的な対応だと思います。

　契約書に、どのような業務を行うか、それぞれの経費負担をどうするかなど、具体的に明示してある自治体もあります。例えば、以下のような記述です。

○○市　指定金融機関業務に関する契約書

〔略〕

（取扱経費）

第○条　乙の公金取扱事務に係る手数料は、次のとおりとする。

（1）公金取扱手数料	○○円
（2）口座振替手数料	○○円
（3）窓口収納手数料	○○円
（4）振込手数料	○○円
（5）残高証明発行手数料	○○円
（6）両替手数料	○○円

2　前項に定めるもののほか、公金取扱事務に関し、甲が乙に

> 対し役務の提供を求める案件が生じたときは、その経費負担
> については甲、乙協議のうえ決定するものとする。

　このような契約書での金額記載があると、金融機関との議論では
個々の事務に焦点を当てて話し合うことができます。

　また、上記の契約書の例では全ての項目を○○円としていますが、
現実は「（2）口座振替手数料」のみ1件当たり10円程度の手数料
が支払われており、その他の事務は無料となっている自治体がほと
んどではないでしょうか。

　一方、多くの自治体ではこのような記載はされず、以下のような
条文になっているとも聞きます。

□□市　指定金融機関業務に関する契約書

（取扱経費）

第○条　公金取扱事務に係る経費は△△銀行においてその実費
　　　　を負担するものとする。ただし、□□市と△△銀行間で
　　　　別に定めるものについてはこの限りではない。

　この条文では、但し書きの文章が金融機関側が交渉を求める材料
になることを想定しておかなければなりません。前半の無償原則を
盾にして協議に応じないのでは、契約書の存在意義を否定すること
になると私は考えます。

　そして、契約書が効果のない有名無実のものであるなら、自治体
が自ら無償原則を否定していると解釈することもできます。

　なお、最近、次のような文書で指定金融機関から申し入れを受け
た自治体があります。

○○県○○村

村長　○○　○○　殿

　　　　　　　　　　　　　（株）□□銀行

　　　　　　　　　　　　　□□部長　□□　□□

〔略〕

　当行といたしましては、令和○○年○月○日より、下記のと

おり取り扱い事務手数料を改定することに決定いたしました。

〔略〕

記

　　　1・窓口収納手数料　　　1件200円

　　　2・○○○　　　　　　　　　○○円

　これは文面こそ丁寧に書かれていますが、内容は自治体に有無を
言わせぬ通告です。そもそも契約とは当事者双方の合意に基づくも
のであることからすれば、当該銀行は上記の通告を行う前に、契約
の破棄を通告すべきだと私は考えます。

　ちなみに2019年2月、某都市銀行は、財政の健全度では常に上位
にあり続ける市をはじめとして数市に対して、指定金融機関を辞退
する旨を発表しました。それと同時に関西、中部圏の自治体に対し
て強硬な手数料引き上げの申し入れもしました。指定金融機関は、
議会の議決という手続きがあるので、早めの意思表示として申し入
れを行ったものと理解できます。しかし、手数料の一方的かつ大幅
な引き上げの通告は、自治体にとって恫喝のようなものです。

　こうした状況が出現してきましたので、自治体の担当者は冷静さ
をもって的確に対処すべきだと、私はこれ以降に開催されたセミ
ナー等で繰り返し述べてきたところです。

　こうした金融機関のやり方は恫喝と変わりません。一切の取引関
係を捨てることも織り込んだ上での行動なのでしょう。

自治体は、住民を代表する存在であり、公金は住民の共有財産です。このことを考えれば、恫喝に動揺して反射的な行動をすることは避けなければなりません。

　どのような対処方法が考えられるのかは、自治体の置かれた地域性などにより違いますので一概には言えませんが、いくつかの方策は③で説明します。

②　公金取引にかかる金融機関の要求を整理する

　私がこれまでに聞いた金融機関の申し出は以下の2点です。それぞれに対する私の感想も併せて記します。

（ⅰ）　窓口収納手数料を1件300円にしなければ取扱いはしない

　現在まで無償で継続してきた事務を、いきなり300倍にしなければ行わないという通告は、双方の合意に基づくことを基本とする契約の考え方に照らしても非常識ではないかと考えます。

　しかし、金融機関の言い分も分からないでもありません。窓口で行員が笑顔で対応し、釣銭と共に領収書に押印をして返却する。そして、事務処理を行う。この一連の作業は、どう見ても行政の窓口機能そのものです。その作業が長期にわたり無償で行われてきたことは、金融機関側の考えとして早急に改善すべき課題と認識されて当然です。

　それでは、なぜ金融機関等は無償で行ってきたのでしょうか。それは図－17のとおり、指定金融機関を中心に金融機関が大口預金者である自治体を相手に十分な利益をあげてきたからです。

　経済成長期は、誰もがお金を必要とする時代です。企業は業務を拡大するのに、個人は住宅や自家用車を手に入れるために他人のお金まで必要としました。これに応えるのが金融機関の融資です。金融の世界での商品はお金であり、金利は他人のお金を使うときに発生する使用料です。当然、商品を必要とする人が多くなれば商品の

図-17　国内総生産の推移（単位：兆円）と金融機関の収益

自治体取引で十分な利益が上げられていた時期

価格は上昇します。金融の世界では金利上昇ということになります。

　こうした環境下では、商品を多く用意できれば多くの利益を得ることができます。金融の世界では、融資の原資になる預金をより多く集めるほど利益が得られます。

　当然、大口預金者は大切にされ、取引の上では一般の預金者よりも優遇を受けられるということもあるでしょう。自治体が金融機関から優遇されてきた最大の理由は、ここにあると私は考えます。

　言うまでもありませんが、金融機関の本業は不特定多数の預金者からお金を集め、そのお金を必要な人に貸し出すことです。そして、貸付金利を預金金利よりも高く設定することで利益を上げます。

　さらに、この金利の差は数字上微妙ではあるかもしれませんが、金利水準が高いほど広がる、つまり、金融機関の利益が増加するということになります。指定金融機関について言えば、大口預金者である自治体の金融機関経営に対する貢献度は、誰が考えても大きいと言えるでしょう。

　次にその期間がどれくらい続いたのかを見てみましょう。国内総

生産は、1997年までの約半世紀にわたり増加し続けました。つまり指定金融機関は、自治体という大口預金者の預金によって長期間利益を上げ続けてきたのです。

さて、自治体関係者の中には、「銀行は公的な存在なので、自治体に貢献するのは当然だ」という考えを持つ人もいますが、これは筋違いです。社会に存在する民間企業で、社会に貢献しない商品を売って経営を成り立たせている企業は一社もありません。消費者が便利になる、快適になるという商品でなければ売れないからです。

自治体と金融機関間で問題が発生している状況の中では、こうした曖昧な発言は問題解決の障害になります。あくまで、双方が客観的事実に照らして主張し合うことこそが解決の道だと考えます。

（ⅱ）　収納代理金融機関は、口座振替手数料を現行の１件10円のまま継続する

これは、そもそもの金融機関の申し入れが「窓口収納は手数料が支払われておらず、投入コストが補われていない」ということでしたので、「手数料が支払われている作業は継続する」ということでしょう。

しかし、金融機関の担当者の説明のニュアンスによるところですが、「これまでどおり、やってあげても良い」と受け止められるケースもあると聞いています。もしそうであるならば、金融機関は、口座振替を継続しないことも視野に入れていると考えるべきでしょう。

私には、「口座振替ができなくなると困るでしょう？」という影響力を暗示して従わせようとする姿勢が透けて見えているように感じます。かつて自治体職員が批判された官尊民卑ならぬ民尊官卑的です。これは、到底、対等な関係を築こうとする姿勢とは考えられません。

このような自治体に対する金融機関の姿勢は、金融機関が受け取ろうとする手数料が、住民が支払った税が中心の公金であることを考えれば、住民という彼らの顧客を見下していることと同じです。

　また、金融機関は「現行の10円で満足している」と言ってはいません。近い将来、増額の要求をしてくることも考えておくべきでしょう。

　民間企業が金融機関に支払う手数料は、利益を減らしてコストが増額するという構造です。しかし、自治体が支払う手数料は、住民から行政サービスの提供を約束して強制的に徴収した税金が原資です。

　金融機関には民間企業としての論理があるように、住民福祉の増進を存在理由とする自治体には自治体の論理があります。この点を踏まえて、手数料問題に対処するべきだと私は考えます。

③　対処方法を考える

（ⅰ）　議論に臨む姿勢を整える

　対等な議論とは、双方の主張がぶつかり合う場です。議論の当事者は、自らが守るべき人々の利益の最大化を目指して戦わなければなりません。金融機関は言うまでもなく民間企業ですので、株主や組合員の利益の確保に向けた活動の一環として、自治体に対して手数料の増額等の申し入れをしてきたというのが手数料問題の本質です。

　したがって、自治体は、住民から負託された責任を果たすためにも、十分な主張で応じなければ責任を果たせません。

　さて、ここで私には一つの心配が浮かびました。「自治体関係者は、議論に慣れているのだろうか？」ということです。

　一般的に議会は、議会ディベートがあると理解している人が多いかもしれません。しかし、それは二大政党が議長を挟んで左右に陣

取り、激論を交わす英国の国会に代表される形式の中で存在するものです。残念ながら日本では、国会ですら党首討論にその片鱗が見える程度です。ましてや自治体では、口角泡を飛ばして双方が議論をするといった光景はめったに見ることができません。

　自治体の多くの管理職は、質疑応答には長けているけれども議論に慣れているとは言い難いという現状を抱えているのが実態です。「質問事項を説明するのではなく、自分たちの主張を説明する」、自治体関係者がこの違いを認識することが議論には不可欠なのです。

　さて、議論に不慣れな状況で金融機関の申し入れを受けると、今後に尾を引きかねない回答をしてしまう懸念があります。その典型が「現在の財政状況では支払えない」という回答です。これは問題の先送りだけではなく、「将来、財政状況が改善すれば支払います」という意味に解釈されます。

　自治体と金融機関等の現状は、自治体が圧倒的に有利な条件にあることは疑いの余地がありません。将来的には、妥協点を見つけながら関係を維持していくことになるのかもしれません。

　しかし、適度な妥協点は対等な議論によってのみ見つかるものです。議論を戦わせる土俵の上では、持てる力の最善を尽くすべきです。外に押し出されるにしても、土俵際で踏ん張り、土俵を割るときも踵から少しずつ出ていく粘りを見せなければ住民には説明ができないのではないでしょうか。仮にも浮足立って一突きで土俵の外に飛び出してしまうようなことがあってはなりません。

　攻撃は最大の防御と言います。議論も同じです。主張すべきことは主張してこそ、議論と言えます。そのためには、自治体として主張すべき材料を整理しておくことが重要になってきます。

（ⅱ）　支払い利息を把握して主張する

　近年の金融機関が主張している問題認識は、「個別の事務でコス

トが賄われておらず、赤字業務である」という内容です。確かにそうした実態はあるでしょう。しかし、自治体と金融機関の取引はそれだけではありません。例えば、自治体の地方債における利息の支払いがあります。

　自治体の公共施設整備に伴う土木建築事業は、戦後復興から高度経済成長期を支える原動力の一翼を担ってきました。その間、多額の地方債が財源として使われてきました。自治体の公共施設整備への財源投資は、2000年頃を境に極端に減少することになりましたが、近年では老朽化対策として一定の施設整備事業を着実に進めていかなければならないことから再び増加している実態があります。

　さて、自治体が事業資金を外部から借り入れる地方債については、予算として議決を得ておく必要があります。その際に予算案で示す内容は、以下のとおり決められています。

地方自治法

（地方債）

第230条　普通地方公共団体は、別に法律で定める場合において〔注：地方財政法〕、予算の定めるところにより、地方債を起こすことができる。

2　前項の場合において、地方債の起債の目的、限度額、起債の方法、利率及び償還の方法は、予算でこれを定めなければならない。

　予算審議では、地方債を活用する事業の是非を中心に議論がなされますが、私の経験上、地方債の限度額は財産の取得費として検討材料にはなるものの、第2項にある利率とそれに伴う支払利息合計を含めた総支払金額が質疑応答された記憶はありません。

支払利息は、毎年度の予算で公債費として明らかにされますが、ここでも既存の借り入れに伴う支払利息と分けて新規事業分を説明する自治体は少ないのではないかと思います。こうした長年にわたる行政運営の習慣があると、利息の支払いが行われていること自体、会計管理者の意識から外れてしまいがちです。

自治体の支払利息は、金融機関等の収益です。つまり、毎年度の自治体からの支払利息は、自治体の主張の材料になるはずです。

こうした点から、手数料問題を検討し、金融機関と議論をする際には、今まで自治体はどれだけの利益を金融機関にもたらしたのかを金額で把握しておき、数字をもって主張すべきだと考えます。

さて、自治体の地方債に伴う借入先の選定は、かつて「縁故債」という言葉が存在したとおり、指定金融機関から借り入れることが一般的でした。当時は高度経済成長期でもあり、現在に比較して金利水準が高かったこともあって、指定金融機関であることが大きな利益を生み出しました。

さらに付け加えれば、この時代の自治体は税を中心とする歳入が右肩上がりに増加し、基金も増加し続けていましたので、自治体と指定金融機関の関係の中には、自治体の預金を原資にして同じ自治体に地方債の融資をするという資金循環で利益を上げた金融機関もあると思います。

(iii) 預金残高の推移を把握しておく

預金運用の対象となる基金残高はもとより、歳入歳出現金の保管として使用されている普通預金などの平均残高も把握しておくべきです。なぜなら、2016年に日本銀行がマイナス金利政策を打ち出す以前は、金融機関は優遇を受けてきたからです。

日本銀行は銀行の銀行と言われ、金融機関は日本銀行に口座を持っています。これを日銀当座預金と言います。日銀当座預金は、

資金決済を安定させる目的の準備金制度に基づく積立のほか、任意に預金をしておくことも可能です。

そして、預金には0.1％の利息が付いていました。私の解釈では「金融機関は、自治体から預かった預金を最も安全な日銀当座預金に移しておくだけで利息を稼げた」のです。

しかし、日本銀行は、義務付けされた積立以外の任意の積立について、利率をマイナス0.1％としました。この瞬間に自動的に利息収入が得られるという環境は消えてなくなりました。この政策転換は、金融機関が金融機関としての役割を果たすことを意図したものですが、次項で改めて述べます。

なお、前述した「縁故債」は、近年、用語自体が使われなくなってきています。これは2000年以降の景気の後退や、それに伴う自治体の経営悪化等を背景にした行財政改革の取り組みの中で、「借りるならより低金利のものを」求める必要性から、借入先の選定に競争が導入されてきたことが原因です。

自治体の行動は、社会的には極めて常識的な行動なのですが、一方で指定金融機関であることのメリットを自治体が潰していったという側面があることも認識しておく必要はあるでしょう。

（ⅳ）　金融機関の収益改善と自治体への働きかけ

不況を背景にした低金利の環境は、金融機関の収益環境の中で最も深刻な問題であると言われています。そうした中で、経営内容を見直して収益を増加させる方向に動くことは民間企業として当然です。一連の自治体への働きかけもその一環だと理解します。

金融機関の本業は、不特定多数から預金として集めた資金を融資し、利率の差である利鞘でコストを賄い、利益を上げることです。

こうしたことから2017年5月、当時の森信親金融庁長官は、「担保にこだわらず、企業の成長を見極めて地元企業に積極的な融資を

行い、地方創生に貢献すべき」と講演で発言しました。これは、金融機関経営が停滞していることの核心を突いた発言で、この方針は現在まで一貫して引き継がれています。

　森長官の発言は、金融機関の安全性に偏りすぎた融資の姿勢を批判し、本来金融機関が持っていた融資先の是非を判断する与信力が低下していることの指摘もしています。不動産等の確実な担保や住宅ローンのように保証の確かな融資しかしないという姿勢は、資産バブルが崩壊して多額の不良債権を抱えたというトラウマを持った多くの金融機関に対して、「羹<ruby>羹<rt>あつもの</rt></ruby>に懲りて膾<ruby>膾<rt>なます</rt></ruby>を吹く」のはいい加減やめて、本来、金融機関が地域社会で果たすべき責任を果たさなければならないと檄を飛ばしたものです。

　この発言にはいろいろな見方があるのでしょうが、長く続いた金融機関の不良債権比率を重視してきた金融庁の監督・検査姿勢がもたらした結果を、金融庁自ら打破しなければならないと考えた長官発言だと私は理解しました。

　金融機関の本業の収益を改善するのは、だれの責任でしょうか。自治体の責任であろうはずがありません。したがって、金融機関の経営状況の改善は、まずはここで結果を出すべきだと私は思います。

　また、収益改善を阻む根底には、長期にわたるデフレーションに伴う超低金利の環境があるのでしょう。しかし、これは政府、日本銀行に強く対策を求めるものです。

　その上で、特定の顧客との取引に関して収益改善を目指す交渉をする、というのは当然のことではあります。

　ここで言う特定の顧客との取引を自治体との取引という観点で考えると、次のような形が考えられるのではないでしょうか。

ⅰ　不採算取引は継続協議とし、その他の取引は継続して全体の利益を確保する

これは、今までの自治体と金融機関の関係と考える金融機関関係者が多いかもしれません。しかし、私はそのようには考えていません。なぜなら金融機関には長らく問題認識がありましたが、自治体にはその認識が存在しなかったからです。同じテーマに基づいて話し合うのが協議とするなら、一方だけが申し入れをしてもそれは協議にはなっていません。

　自治体の認識がなかったことについては、大きく2つの原因があると考えます。

　まず、個々の金融機関から、関係する自治体に対して継続的な申し入れがなかったことです。近年の自治体に対する申し入れは、現職の会計管理者のほとんどは青天の霹靂だったのではないでしょうか。あえて良くも悪くもと言いますが、問題を認識した自治体の管理職は、総じて何らかの動きをするし、解決するまでは頭から離れないものなのです。その動きが見られないということは、金融機関からの問題提起が単発的であったか、全くなかったかのどちらかだと私は考えます。もし私のこの推測が当たっているとすれば、これは金融機関自身も反省すべき点ではないでしょうか。

　社内で責任の所在を説明することが目的であるなら、継続的な働きかけをせず、協議のテーブルを作ることに考えが至らなかった前任者を指摘するべきです。そして、改善の第一歩は、協議のテーブルを作ることになるはずです。少なくとも手数料の現行の数十倍への引き上げを一方的に通告するような恫喝的手法ではないだろうと私は考えます。

　2つ目の原因は、自治体の人事上の問題です。これについては、後の項目で述べます。

ⅱ　不採算取引が改善されなければ、その取引は停止して、その他の取引のみ継続する

2021年、大手洗剤メーカーとスーパーマーケットを展開する企業との間で一部商品の仕入れ価格が折り合わず、そのスーパーマーケットでは、以後その商品だけを取り扱わず、その他は従来どおり販売するというニュースが流れました。これは安値販売を追求するスーパーマーケットの方針と原価割れをする商品の納入を避けることで取引総体の利益が確保できる洗剤メーカーとの利益の一致が確認できた結果だと思います。

　自治体と特に指定金融機関との取引は、公金の収納から支払いまで数多くあります。近年、問題化していることとしては、自治体庁舎内に設置されている金融機関窓口に配置している金融機関職員の人件費と、各営業店舗の窓口で取り扱う収納事務の取扱い手数料です。このうち人件費については、一定の折り合う金額を見つけて負担する自治体が多く見られるようになってきました。窓口収納取扱い手数料については、現時点では交渉の最中という自治体が多いようです。

　ちなみにこの申し入れに際して、あえて金融機関名は書きませんが「今後、窓口収納は、やりません。口座引き落としはコストが見合っているので、収納代理金融機関は継続してあげても良いです」と言った担当者がいたとも聞いています。私が自治体の担当者であれば、このような上意下達的発言に対しては、きちんとした謝罪があるまで次の面談はしません。なぜなら、対等な立場で行われるのが交渉だからです。

　このような担当者を交渉に向かわせる金融機関は、次のⅲが本音であると考えておいた方が良いかもしれません。

ⅲ　1つでも不採算取引があれば、全体の取引をやめる

　こうなると自治体としては、止める術はありません。この場合、納入義務者である住民には様々な不便が生じますので、広報や議会

を通じて周知を図る必要があります。ここで重要視すべきは、経過です。特に強引な通告や、大幅な要求が原因であった場合、その要求を安易に受け入れることが住民の不利益になるという点です。

金融機関の窓口は、行政サービスの窓口機能であることは既に述べたとおりです。そこには妥当な自治体のコスト負担が生じることに住民は理解を示すでしょう。

しかし、その要求が一方的な通告にも似たもので、金額が従来の数十倍に引き上がり、さらに受け入れない場合は取引を中止するという強引な手法によるものであれば理解を示す住民は少ないと思います。

住民は、金融機関にとっての顧客でもあります。自治体と住民、金融機関と顧客どちらが信頼の絆を保ち続けるのか。この観点で、住民説明を行う必要があります。

そもそも自治体の決算剰余金と民間企業の利益は処分方法が違います。図－1を再掲しますので、もう一度確認しておきましょう。

図－1　地方自治体と民間企業の資金の違い

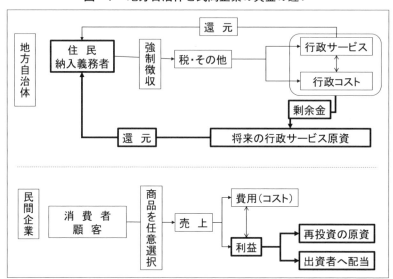

自治体の決算剰余金は、住民に還元されるお金です。その観点で、手数料問題とは、自治体は住民に還元されるべき剰余金を守る立場、金融機関は手数料という売上を増加させて利益を増加させる立場という２つの異なる立場から生じているものであることを認識し、住民の利益確保に最善を尽くすのが自治体の責任でしょう。図－１の行政コストが増えるかどうか、金融機関の要求金額を支払えるかどうかの問題だけではないのです。

　図－18は金融機関側から見た経費負担について、自治体がどのように対処していくかの私見を例で示したものです。現在の経費負担分（A）は、できるだけ増加させないようにするという基本的な姿勢を明確にし、首長と会計管理者で意見を一致させておくことが必要でしょう。

図−18　今後の経費負担の考え方

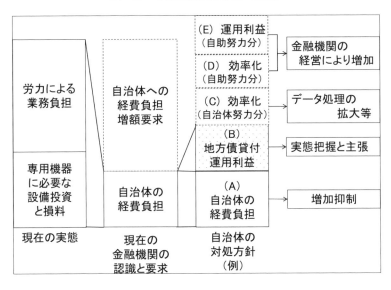

　地方債貸付については、金融機関の利益の源となりますので、今後の長期計画や公共施設計画などの財政計画で、およそどのくらいの地方債が必要になるかを把握しておく必要があるでしょう。

また、指定金融機関については、他の金融機関とは異なる業務負担を自治体としてお願いしていることから、私は将来の起債については一定程度のシェアを確保する配慮はあって良いと考えています。指定金融機関とその他の金融機関を全て同列に扱うことが不公平なのです。

　（C）（D）は、自治体、金融機関双方が努力し続ける課題です。これは手数料問題の有無にかかわらず、当然の合理的な経営を実現するという視点で取り組み続ける課題です。

　（E）は、金融機関が自ら努力して実現すべき領域です。

　自治体の立場で言うべきことではありませんが、私は第三者的立場で言いたいことがあります。2017年5月、監督官庁である金融庁の長官から、融資先を見極める力である与信力の低下を指摘され、地域創生や家計の資産形成に貢献するのが金融機関の社会的な役割と檄を飛ばされて5年が経過しました。その後、どう経営改善がなされたのでしょうか。収益が上がらない原因が、経済対策に問題があったこと、日本銀行のマイナス金利政策に問題があったことの2つにあるなら、それは政府や日本銀行に対して申し入れをすべきことだと私は考えます。

指定金融機関等との摩擦と対応策②
～日本銀行の金融政策と
金融機関の利益

　日本銀行は銀行の銀行と言われ、その役割の一つには、政府と連携して金融政策を担うことがあります。この仕組みの概要を図示したものが図－19になります。

図-19　日本銀行準備金制度と金利

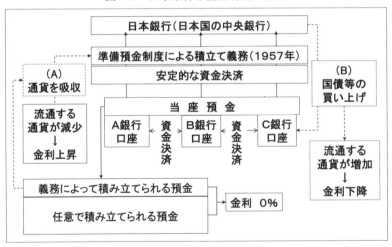

　金融機関は、準備金制度に基づき、当座預金について一定額の積立義務を負っています。この仕組みにより、金融機関は相互に安定的な資金決済が行えるようになります。この準備金制度は、（A）

のように意図的に積立金の増額を指示することで流通する通貨全体を減少させることができます。これにより絶対量が少なくなった通貨の価値である金利は上がります。

一方、（B）のように金融機関が保有している国債をはじめとする有価証券を日本銀行が金融機関から買い入れると、日本銀行は金融機関に対価を支払うことになりますので、金融機関が保有する現金は増加します。これにより流通する通貨は過剰になり価値は下がります（金利下降）。金利が下降すれば、お金を必要とする企業や個人は借りやすくなり、結果として消費が拡大する（景気上昇）というのが政府・日本銀行の目論見です。

さて、各金融機関の日本銀行にある口座は当座預金ですので、金利は付きません。また、当座預金口座は、金融機関の意思で準備金を超えて預金をすることができます。この任意により積み立てられている金額に対して、日本銀行は2008年から図－20のように0.1％の金利を付すようになりました。これは不況下で苦しむ金融機関への日本銀行の恩情による支援策だったと私は考えます。

図－20　日本銀行当座預金の金利（2008年～2016年）

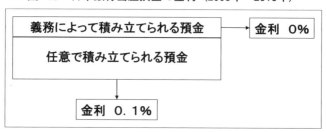

このころの政府と日本銀行における最大の目標は、景気浮揚の障害となっているデフレーションからの脱却です。それには、さらに金融機関の融資が拡大していかなければなりません。金融機関は、バブル景気が崩壊した後に残された不良債権処理と経営危機からの

脱出に注力してきた結果、新たな融資には慎重な姿勢をとり続けてきました。しかし、それでは経済の血液ともいうべき資金が滞ったままになります。その滞った場所が日本銀行の当座預金であるなら、それは由々しきことです。そこで日本銀行では、任意積立の一部に対する預金金利を図−21のとおりマイナス0.1％に設定することにしました。これがマイナス金利政策です。

図 -21　日本銀行当座預金の金利（2016年）以降

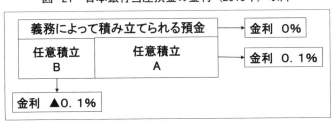

　この金融機関に融資拡大を迫る政策に加えて、金融庁長官が翌年に行った講演の中で、担保や保証に過剰に頼って融資を続けている地方銀行に対して、「融資先を判断する目利き力を養い、地域創生に貢献すべきで、それが地域金融機関の使命である」という趣旨の発言もしました。

　さて、日本銀行のマイナス金利政策は、近年の金融機関が自治体に対する手数料等の引き上げを要請する理由にも使われています。もし大口預金者である自治体の存在が、マイナス金利政策による悪影響で金融機関の利益を生む障害になっているならば、金融機関は自治体ではなく、日本銀行に苦情を申し立てるべきだと私は考えます。

　しかし、本当にそうなのでしょうか。少なくとも歳入歳出現金を普通預金や無利息の決済用預金で管理していた場合、その同額を日本銀行当座預金に入れていれば、図−22のとおり利益を生んでいた

と考えられるのも、また事実です。

図 -22　普通預金金利と日本銀行当座預金金利の差

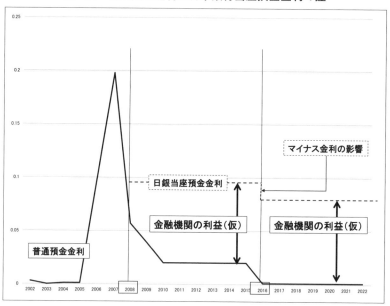

さて、今日までの約20年間、政府や日本銀行は超低金利政策をとり続けてきましたが、現時点で十分と言えるほどの成果が見られていないのも現実です。

したがって、景気が好転しない限り、低金利を維持する政策は続くと考えられます。

しかし、一方では、政府・日本銀行が判断を変えれば、いつでも金利は上昇するものであることを忘れてはいけません。

人事における会計・出納部門の問題

（1）会計管理者の仕事と人事

　公金管理の実務は、会計管理者がつかさどる仕組みになっていることは、本書第4章で述べたとおりです。

　この職務は、かつては都道府県では出納長、市町村では収入役という特別職が担っていました。

　しかし、2006年の法改正で下記のとおり一般職の役割になりました。

地方自治法

第168条　普通地方公共団体に会計管理者一人を置く。

2　会計管理者は、普通地方公共団体の長の補助機関である職
　員のうちから、普通地方公共団体の長が命ずる。

　この改正の理由を簡単に言えば、「特別職にするまでもない職責」という認識があったからかもしれません。

　しかし、これまで述べてきたとおり、金融という専門的な分野と日々変化する特殊な環境を相手にする責任を鑑て、他のポストと同じように扱って良いものかどうかは人事の際に考慮する必要があると思います。

　それでは、専門的な知識を持った人材を採用して充てれば事足りるかというと、これは住民福祉の増進という目的を実現する自治体の職員としては基本が整っていないと言わざるを得ません。採用以

来、長い年月をかけて多種多様な経験を積んできた管理職の職員には、一朝一夕では身につかない公務員としての能力があります。

　そこで、金融という専門的な分野に対して、会計管理者がどのくらいの能力を求められるのかを考えてみましょう。地方公務員法には、次のような規定があります。

地方公務員法

（昇任の方法）

第21条の3　職員の昇任は、任命権者が、職員の受験成績、人事評価その他の能力の実証に基づき、任命しようとする職の属する職制上の段階の標準的な職に係る標準職務遂行能力及び当該任命しようとする職についての適性を有すると認められる者の中から行うものとする。

　ここには求められる能力として、「任命しようとする職の属する職制上の段階の標準的な職に係る標準職務遂行能力」とあります。つまり、一つの部署を管理する立場として能力を発揮することを求められているのであって、会計管理者が金融の専門家レベルの知識と判断を求められているわけではないと私は考えます。

　そもそも、一般職の職員である管理職は３年程度で人事異動の対象になるのが一般的ですから、金融の専門家レベルになることは不可能だと言ってよいと思います。

　それではどうやって職責を果たせばよいのでしょうか。必要なのは仕事そのものを標準化、即ちマニュアル化することです。その上で、会計管理者はマニュアルのとおりに事務が進められているかどうかを管理すれば良いのです。

（2） 担当者の仕事と人事

　さて、事務担当者も、人事では同じ問題を抱えます。管理職である会計管理者ほどではないにしても、概ね３年から５年で人事異動の対象になることが多いと思います。

　これは私の持論でもあるのですが、人事異動とは、一番仕事を理解している職員と何もわからない職員が入れ替わることです。したがって、何も対策を講じなければ、職場の業務水準は人事異動のたびに一気に低下し、当人の努力と慣れによって回復していくものとなります。ここで困るのは、管理運用事務に決定的に影響を与える金融環境は、日々変化しているということです。「新しい担当者でまだ分からないから仕方がない」では済まない事態が生じるかもしれません。

　業務水準を保つ手段としては、仕事をマニュアル化することです。このマニュアルに、金融情勢に対応する判断の要素を加えると資金管理運用基準になります。

　基準の内容としては、本書第８章及び第９章を参考にしていただけると良いと思いますが、基準のベースになるのは業務マニュアルですので、現在行っている事務処理方法を文書化した上で書き加える方法が良いと思います。実務と乖離したマニュアルや基準を作成しても意味はありません。

（3）人事異動による業務水準の低下防止

　検討課題の引継ぎ等、業務に係る重要情報の引継ぎには、事務事業評価を使うと便利かと思います。事務事業評価は、一般的に現状を有効性、効率性、公平性の観点で評価をし、課題と課題に取り組む方針を記入する方式になっています。

　したがって、事務事業名を「公金管理運用事務」として記入をすると、有効性では収納額と運用益、効率性では収納額と運用益を得

るための金融機関への支払いコスト、公平性では金融機関等と他の委託による収納方法との比較、そして評価年度の課題と今後の対処方針まで記入して引き継ぐことができます。事務事業評価は、経費の削減を目的とするという狭い範囲に機能する道具ではありません。事務の改善や業務水準の維持・向上に向けた道具として活用すると良いと思います。

　また、事務事業評価は、住民に対する説明責任のための道具でもあります。毎年度の事務事業評価における有効性評価は、住民に対する運用報告の基本的な資料にもなると考えます。

　加えて、会計課や出納課といった出納機関の人事について触れておきます。自治体の首長をはじめとした人事に関わる職員の中で、出納機関の仕事を繰り返し行われる定型の事務、即ちルーチンワークと認識している人たちが圧倒的に多いと感じます。

　しかし、本書のテーマである公金の管理や運用、そしてもう一つの出納機関としての役割である支出負担行為の確認についても、何一つ定型のものはありません。

　前項で述べたマニュアルや基準による事務の標準化は業務水準を保つ仕組みであり、事務処理を定型化（ルーチンワーク化）することとは本質的に違います。

　また、情報公開、説明責任、住民監査請求をはじめとする住民の行政に対する監視行動は、地方分権が進められて20年以上経過した現在も高まりを見せています。今後の人事や職員の育成は、こうした時代の変化に伴い求められる事務の水準を再確認して行うべきだと考えます。

第11章

セミナー等での
相談事例への回答

私は、2001年頃から公金の管理や運用をテーマにしたセミナーや
研修の講師を務めてきました。この間、参加された方からいろい
ろな相談を受けてきましたので、その中から現在でも相談があり
そうなものを6つ選び、どのようなアドバイスをしたのかを記し
ます。

相談1
準公金取扱いの内規は無効なのか

　我が町には次回のオリンピックの出場と活躍が期待できる選手がおり、町民一体になって応援しています。町民は、この選手を継続的に支援できるよう後援会をつくり、試合の応援の手配や会報の発行などに多くの町民がかかわって活動しています。

　そこで町では、町民が心を一つにできる後援会活動が地域社会の成熟に多大な貢献をすることから、活動が今後も安定的に行われるよう補助金を交付し、総務課長が後援会事務局長となり、役場が実質的な事務局機能を担っています。後援会の活動費は、後援会員の会費と町の補助金になりますが、後援会の活動資金の管理は事務局である町の職員が担うことになります。このことから後援会関連の資金は「準公金」扱いとしてルール化し、間違いが起きない活動にしようと考えました。

　しかし、準公金規定は、「保管できる現金を厳格に制限している地方自治法施行令に違反しているのではないか」と言う議員がおり、説明を求められています。確かに適法であるとは思いませんが、現実の問題として、後援会費の徴収や多額の現金管理を担ってくれる町民も見当たりません。そして何より、後援会活動は既に多くの町民の楽しみにもなっており、後援会を解散することは考えられません。どのように説明すれば良いのでしょうか。

地方自治法には、以下の規定があります。

地方自治法

第二条〔略〕

2〜15〔略〕

16 地方公共団体は、法令に違反してその事務を処理してはな
らない。なお、市町村及び特別区は、当該都道府県の条例に
違反してその事務を処理してはならない。

17 前項の規定に違反して行つた地方公共団体の行為は、これ
を無効とする。

この規定からすると、ご相談のとおり法律違反の内規を根拠とし
て仕事をすることは好ましくないということになります。しかし、
その理由が社会通念上認められる長の裁量の範囲、かつ公共の福祉
に適うのであれば、私は次の理由からも何ら問題はないと考えます。
まず違法性についてですが、そもそも憲法から見て地方自治法に
は見過ごせない条文が存在します。

日本国憲法

第89条 公金その他の公の財産は、宗教上の組織若しくは団体
の使用、便益若しくは維持のため、又は公の支配に属しない
慈善、教育若しくは博愛の事業に対し、これを支出し、又は
その利用に供してはならない。

「公の支配」とは、人事や予算のように組織維持に直接介入する
ことを指しますので、「公の支配に属さない」とは、「民間」と考え
れば良いでしょう。その上で憲法は、「教育」の事業に対して「公
金を支出してはならない」と規定しています。しかし、地方自治体

は、私立の教育機関に多少の差はあれ、独自の補助金を交付しています。この支出は、憲法違反であり無効となるのでしょうか。私はそのような判例は承知していません。

　それでは自治体は何を根拠に補助金の交付を行っているのかというと、地方自治法の以下の条文を根拠に支出しているのです。

地方自治法

（寄附又は補助）

第232条の2　普通地方公共団体は、その公益上必要がある場合においては、寄附又は補助をすることができる。

　それでは地方自治法の条文が憲法違反であるから、法に基づく補助金の交付は無効になるのかというと、これは考える余地もなく正当な支出と誰もが考えるに違いありません。その理由は、公共の福祉に適うことが明白だからです。

　自治体の行政運営手法は、住民協働型になることが自然です。そうした時代の変化に対応して、現行法令が認めていない歳計外現金の取り扱いを準公金と位置付けて曖昧さを入れない事務処理で管理しながら事業を発展させていくことと、法令違反であることを理由に事業を中止してしまうことのどちらが公共の福祉である住民の利益に適うのでしょうか。これは比較にすらならないでしょう。

　なお、憲法89条の規定には、「教育」の前後に「慈善」「博愛」という用語があります。これは今から80年近く前の日本語で表現されているものですが、今、自治体が役割として担う行政分野に当てはめると、「福祉」や「医療」が該当するのではないかと考えます。こうした日本語の変化もありますので、法規定の解釈に頼って行政執行の正当性を確認しなければならない状況は、できるだけ早く解消してほしいものだと私は考えます。

相談2
「基金が多すぎる」との指摘があったが

これまで町では、将来の災害等に備えて基金を着実に積み立てててきました。しかし、非公式の発言でありますが、県市町村課の職員から「財政調整基金の積立額が多いので、場合によっては地方交付税が減額されるかもしれない」との発言があったと財政課の職員から聞きました。

当町は中部地域以南の太平洋沿岸にあり、国が「高確率で地震が発生する」という予測も発表しています。そのような中、こうした県（職員）の発信はどのように受け止めたら良いでしょうか。

まずは、県職員の指摘が非公式の発言であったことに安心しました。なぜなら、この職員は、国と市町村のどちらに顔を向けて仕事をしているのかと私は考えるからです。下記の規定は、都道府県と市町村の役割分担を規定した条文です。

> **地方自治法**
>
> **第2条** 〔略〕
>
> 2　普通地方公共団体は、地域における事務及びその他の事務で法律又はこれに基づく政令により処理することとされるものを処理する。

3　市町村は、基礎的な地方公共団体として、第5項において
　　都道府県が処理するものとされているものを除き、一般的に、
　　前項の事務を処理するものとする。
　4　〔略〕
　5　都道府県は、市町村を包括する広域の地方公共団体として、
　　第2項の事務で、広域にわたるもの、市町村に関する連絡調
　　整に関するもの及びその規模又は性質において一般の市町村
　　が処理することが適当でないと認められるものを処理するも
　　のとする。
　6〜17　〔略〕

　第2項に記される事務や事業は住民の生命財産を守る（住民福祉の増進）ために行われるものであり、第3項と第5項にはそのための役割分担が明記されていることからも、県の職員は県民を見て仕事をするべきなのです。そして、県民と市町村民は、同じ住民が異なる表現をされているという当たり前のことを忘れてはいけません。相談にある県職員の発言は、単に国の情報を垂れ流しているにすぎず、住民の将来につながる町の意思を国に代弁しようとする気概の欠片も感じることができません。

　さて、災害の発生と基金の関係ですが、これは極めて簡単です。基金を多く保有していれば、万一の災害時に迅速かつより多くの住民支援が可能になることは、過去の大災害や近年のコロナ禍に伴う自治体独自の支援策の違いからも明らかです。

　インフラなどの復旧に係る大きな財源は、激甚災害指定による国の財政支援に頼ることになります。しかし、それは混乱が一旦収まった後でのことで、目の前の被災者に必要な支援をすることは県や町の責任です。こうした事態を想定して町が基金を蓄えるのは、予算決算が住民の代表である議会の議決を得た結果であることを考

えれば、住民の意思そのものです。

　かつて、内閣府所管の経済財政諮問会議で、「地方の基金残高が増加していることから、地方交付税をはじめとする地方への財政支援は減少させても良いのではないか」という趣旨の委員発言があったと私は記憶しています。県職員の発言にある地方交付税との関係は、この発言主旨を述べたに過ぎないのかもしれません。しかし、諮問会議の委員のこの発言は、本書図－１（本書16頁参照）に示した公金と民間資金の違いが理解されていないことから出る発言だと私は考えます。

　市町村が所有する現金は、１円の例外もなく強制的に住民から徴収したお金であり、決算により余った金額を基金に積み立てているのも住民の意思です。ここが株主の意思を反映した民間企業の準備金と決定的に異なる点です。

　基金は住民に還元されるお金であり、それが多くなることに対して、住民の意思を否定する合理的な意見などあるはずもありません。

相談 3
「社会貢献活動分野で運用できないか」との検討を指示された

　私は会計管理者なのですが、町長から「基金の運用先に、社会貢献活動分野を考えられないか」と検討の指示が出ました。全国的な行政の方向性からは、市長の指示は理解できるような気もしますが違和感が拭えません。どのように考えるべきでしょうか。

　近年、SDGs などの社会貢献活動が注目をされ、自治体も率先して取り組む流れになっています。町長の指示は、これを端的に表したものでしょう。

　しかし、これは民間資金の投資と公金の運用の違いを理解していないことから出る指示だと考えます。そこで、会計管理者の役割と責任から考えてみましょう。

　会計管理者の役割は、以下のようになっています。

地方自治法

第170条　法律又はこれに基づく政令に特別の定めがあるものを除くほか、会計管理者は、当該普通地方公共団体の会計事務をつかさどる。

２　前項の会計事務を例示すると、おおむね次のとおりである。

一　現金（現金に代えて納付される証券及び基金に属する現金を含む。）の出納及び保管を行うこと。

二　〔略〕

三　有価証券（公有財産又は基金に属するものを含む。）の出納及び保管を行うこと。

四　〔略〕

五　現金及び財産の記録管理を行うこと。

六・七　〔略〕

3　〔略〕

一方で、首長の役割は以下のとおりとなっています。

地方自治法

第147条　普通地方公共団体の長は、当該普通地方公共団体を統轄し、これを代表する。

第148条　普通地方公共団体の長は、当該普通地方公共団体の事務を管理し及びこれを執行する。

第149条　普通地方公共団体の長は、概ね左に掲げる事務を担任する。

一～四　〔略〕

五　会計を監督すること。

六　財産を取得し、管理し、及び処分すること。

七～九　〔略〕

　この２つの規定では、公金の管理や運用の実務は会計管理者の役割と理解できます。長は財産の取得と管理が権限として規定されていますが、仮に基金の運用として証券を購入する場合を想定しても、基金は既に公有財産であり、運用は金融商品の選択に過ぎないから

です。ただし、公金の管理運用も含む会計事務の監督は長の権限になっていますので、ご相談内容のように町長が検討指示を出すことはあって良いのでしょう。

そこで、実務担当である会計管理者は、法令の規定から町長に対して説明や提案をするという職責を果たすことになります。

第一に説明すべきことは、運用に関する法規定です。具体的には以下の条文での説明が分かりやすいでしょう。

地方財政法
（地方公共団体における年度間の財源の調整）
第4条の3　〔略〕
2　〔略〕
3　積立金は、銀行その他の金融機関への預金、国債証券、地方債証券、政府保証債券（その元本の償還及び利息の支払について政府が保証する債券をいう。）その他の証券の買入れ等の確実な方法により運用しなければならない。

ここにあるとおり、運用の対象とできる金融商品は、預金以外の金融商品を選択する場合でも「確実な方法」と説明できる金融商品でなければなりません。したがって、元本保証の金融商品が最低限の要件となります。

第二に説明するのは元本保証と安全確実を重ね合わせる尺度となる発行団体の信用力です。

国債や地方債はもとより、運用期間内の発行団体の存続が安全確実と判断できるのかがポイントで、公金の運用では、高確率で大丈夫と判断できる信用力が求められます。

また、SDGsなどの趣旨に賛同して出資をするということであれば、出資による権利の取得として予算化（公有財産購入費）をし、

その後、適切な財産管理をすべきものと考えます。

　会計管理者が管理や運用を行う資金は、本書第1章で述べたとおり住民のために使われるものです。その点を考えると図−23のように整理できます。

図 -23　投資と公金の管理・運用の金融商品の違い

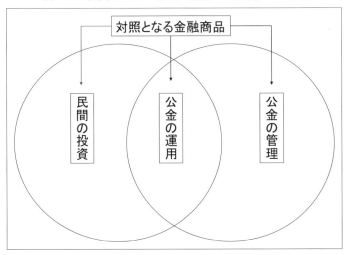

　なお、投資という観点では、株式市場において流通する株式を運用対象とする特異な自治体の例もあります。この場合、株価の下落による損失が発生すると、損失額の補てんを求める住民監査請求が提起される可能性があることは当然です。「株への投資は禁止」という規定がない以上、運用の一手段として株式を購入することは違法とは言えないでしょうが、住民監査請求で訴えられるリスクを負ってまで行うという考えは理解できません。

　同じようにクラウドファンディングを対象としても、適正な収益が見込めなければ運用にはなりません。

　そもそも、出資や投資は運用ではありません。町長には、この点を強く説明しておくべきだと思います。

相談4
「安全確実だけを考えれば良い」と
指示された

市長から「公金は大切に管理することが第一だから、運用など考える必要はない」と言われています。

法令では「安全かつ有利」を求められていますので、「安全ならば良い」というのは違うのではないかと思うのですが。

ご相談のとおり、「かつ」とは前後の要件を共に満たすことを求めている用語であり、安全であれば良いという考えは成り立ちません。

さて、有利という物差しは、時代と共に変化すると考えた方が良いでしょう。

2000年前後の日本経済は、金融機関が次々に経営破綻を引き起こして消失していきました。この時代には、倒産しない金融機関に預金をしておくだけ、つまり、安全策を最大限とるだけで住民には有利だと説明できたでしょう。

しかし、後に金融法制が整備され、経営状況が厳しくなってきた金融機関には必要に応じて公的資金が注入され、一方で金融庁から自己資本比率の制限に基づく是正措置が発令する仕組みが出来上がりました。

こうなると「金融機関が倒産しない」「倒産してもペイオフは免

れる」だけでは有利とは言えなくなります。

　さらに言えば、金融機関が倒産しない時代にペイオフを免れるという安全策をとり続けることは、前述（20　決済用預金と普通預金）のとおり、得られたであろう利益を失ったという見方も生んでしまいます。これは（逸失利益＝損失）とも捉えることができ、指示を出した市長にとっては少なからずリスクとなります。

　職員である会計管理者としては、任命権者である市長をフォローする責任から、こうした観点も説明しながら仕事に臨むことが重要だと思います。

相談5
借入金残高を超える預金は
できない慣例がある

当市では、従来から金融機関への預金限度額を当該金融機関の借入金残高としています。

しかし近年、地方債を活用する事業の減少に伴い借入金残高が減少してきていますので、預金による基金運用に不自由が生じそうです。これはどのように考えたら良いのでしょうか。

1990年代の後半、全国の自治体は2000年3月で期限が切れる国の預金全額保護政策を控えて混乱していました。このとき、当時の自治省から示されたペイオフ対応策の一つが、金融機関と借入の際に締結する消費貸借契約書に「債権債務を相殺する条項」を設定する手法でした。

これは相殺契約と言われ、多くの自治体がこれをペイオフ対策の柱としたように記憶しています。また、この仕組みは、優良な顧客を囲い込みたい金融機関にも渡りに船の手法であったようで、「預金も借り入れも当行だけにしていただければ、万一の場合も預金はペイオフを免れて安全です」と言いたげに、以後の金銭消費貸借契約書には相殺契約条項が追加されていったようです。

ご相談の内容は、まさにこの契約に基づく相殺可能な範囲内の預金で安全性を100％担保しようとしたものです。

さて、改めて近年、金融機関が経営破綻をして消失しているかを考えてみましょう。

　少なくとも2003年、りそな銀行と足利銀行に公的資金が注入されて以降、刑事事件として立件された日本振興銀行の経営破綻（2010年）の例を除いて、消失した金融機関はないのです。そこに気が付けば、相殺契約の効果に期待する意味はないと私は考えます。

　ただし、本書で述べたとおり、取引金融機関の経営状況は可能な限り把握すべきです。

　また、金融庁の検査による是正措置が発動される仕組みがあることから、新聞の見出しに注意しておくことは必要です。しかし、これは担当者として当然の仕事だと私は考えます。

　金融機関は、一朝一夕に倒産することはありません。したがって、相殺の範囲内で預金をするという慣例は、私なら撤廃します。

相談6
金融のことがわかる専門職員は必要なのか

公金管理運用を確実に行うには、金融機関の経営状況が理解できたり、適切な金融商品を選択して運用したりすることが求められます。

そこで、公金管理運用の担当者は、金融機関で経験を積んだ専門知識のある職員を採用して配置する必要があるのでしょうか。

かつてのペイオフ騒動の折、このような意見を持つ自治体が少なからずあったと記憶しています。しかし、私たちは必要を感じませんでした。

主な理由は、以下のとおりです。

○　金融機関の経営状況の全てを知るには、そもそもディスクロジャー誌のような公開情報だけでは難しいこと。

○　ディスクロジャー誌は、一般投資家向けに編集してあるもので、貸借対照表や損益計算書を始めとする投資判断に必要な情報が整理されて掲載されていること。

○　掲載情報にある指標等のいくつかを把握しておくことで、経営状況が一定程度把握できること。

○　特に株価は、機関投資家の専門集団が検討した結果としての意味を持つ指標であること。

○　金融庁の監督が機能していれば、金融機関が数日で経営破綻状態になることはないと考えられること。

　以上のとおりですが、さらには前述の金融法制の整備による監督等、また、金融機関自身が経営の安定度を増すための合併が行われ続けていることを考えれば、現時点で専門家を雇用する意義は少ないと考えます。

　何より人事異動を前提とする一般事務職の職員が、他の部署の職員と同程度に努力して仕事に向き合えば問題なく処理ができ、住民に貢献できるという仕事の仕組みを構築することが何より効果的だと私は考えます。

おわりに

　改めて言うまでもなく、金融は常に変化しています。

　また、運用は将来に向けて最適解を求める仕事です。これは公務員が最も苦手とすることかもしれません。しかし、自治体の所有する公金の持つ固有性は、その自治体の職員が一番よく知っています。

　長期総合計画やその他の個別計画、地勢からくるリスクへの対応などと連動して、どのように管理し、運用するのかを考えられるのは、その自治体の職員しかいません。

　自治体の公金管理運用とは、住民のための管理運用です。そのためには、住民のことを最も知る職員の皆さんが考えることが一番重要です。

　本書が、その際の手掛かりになれば幸いです。

　本書の出版にあたり、およそ20年前、金融知識が皆無だった私に基礎を教えてくださった元日本大学国際関係学部教授の安井昭先生、証券アナリストの久保寺寛治先生にこの場を借りて感謝します。ありがとうございました。

2022年10月

大崎　映二

著者紹介

大崎 映二（おおさき　えいじ）

　昭和49年に東京都東久留米市役所に入庁後、障害福祉課長、会計課長、財政課長、企画調整課長、子ども家庭部長を経験後、平成19年に教育委員会教育部長を最後に退職。

　その後、コンサルタント会社において行政評価を中心にした地方自治体の行財政改革に向けた活動を行った後、一般社団法人日本経営協会専任講師、同専任コンサルタントとして財務系セミナーに登壇するほか、市町村行政の最適化を行うために総合計画、行政評価、予算を連動させる手法を中心にしながら、自治体ごとの特性に応じたサポートを行っている。

●主な著書
『55のポイントでわかる　自治体職員　新　はじめての出納事務』（2020年、学陽書房）

50のポイントでわかる
自治体職員 はじめての公金の管理と運用

2022年10月27日　初版発行

著　者　大崎　映二

発行者　佐久間重嘉

発行所　学 陽 書 房

〒102-0072　東京都千代田区飯田橋1-9-3
営業部／電話　03-3261-1111　FAX　03-5211-3300
編集部／電話　03-3261-1112
http://www.gakuyo.co.jp/

装幀／佐藤博
DTP制作・印刷／精文堂印刷
製本／東京美術紙工

これだけ知っていれば
不正・不当な処理が生じやすい
財務事務・出納事務も怖くない！

◎自治体の職員であれば知っておく必要がある、財務事務を地方自治法第9章を骨格
にし、その条文をどのように解釈して現場で仕事をすべきかを解説。
◎実務を担当する職員の視点からまとめたわかりやすい内容。
◎専門職以外の事務職職員も必読の内容。

55のポイントでわかる自治体職員
新 はじめての出納事務

大崎映二　著
A5判ソフトカバー／定価2,750円（10％税込）